资治通鉴

青少年通识课

Comprehensive
Mirror
in Aid of
Governance
Young Readers'
General Selected Course

李凯 陈昂 乔楠 王宁 著

人民文学出版社

图书在版编目（CIP）数据

资治通鉴青少年通识课/李凯等著. —北京：人民文学出版社，2022
ISBN 978-7-02-016759-3

Ⅰ.①资… Ⅱ.①李… Ⅲ.①中国历史—古代史—编年体②《资治通鉴》—青少年读物 Ⅳ.①K204.3-49

中国版本图书馆 CIP 数据核字(2021)第 257328 号

责任编辑 常雪莲 陈 悦
装帧设计 刘 远
责任印制 任 祎

出版发行 人民文学出版社
社　　址 北京市朝内大街 166 号
邮政编码 100705

印　　刷 三河市鑫金马印装有限公司
经　　销 全国新华书店等

字　　数 144 千字
开　　本 890 毫米×1290 毫米 1/32
印　　张 7.125 插页 3
印　　数 1—5000
版　　次 2022 年 7 月北京第 1 版
印　　次 2022 年 7 月第 1 次印刷

书　　号 978-7-02-016759-3
定　　价 36.00 元

序

《资治通鉴》是司马光和王安石党争失败,在野期间悉心编纂的,所谓“日力不足,继之以夜”。

司马光一度站在王安石变法的对立面,不少人说他是保守派甚至反动派,但如果从宋代制度文化的深层次因素思考,司马光的态度就很能理解。宋太宗的诏书中明确了宋王朝制度建设的“事为之防,曲为之制”的态度(亦可称作“事为之制,曲为之防”,见《汉书·礼乐志》),这是说在制度制定过程中充分发扬防微杜渐、权衡利弊的精神。比如宋初加强集权,纠正了唐五代以来权臣干将执国命的乱局,但也造成了宋王朝的积贫积弱。并不是宋代君臣没有考虑边患的问题,而是他们认为朝廷完全可以通过怀柔政策换取和平,权臣干将作乱才是心腹之患,于是两害相权取其轻(甚至宋人王旦说,“国家纳契丹和好已来,河朔生灵,方获安堵,虽每岁赠遗,较于用兵之费,不及百分之一”。见[宋]李焘:《续资治通鉴长编》,中华书局,1995 年,第 1578 页)。

其实宋代君臣把历代典章制度琢磨得很透,三代秦汉以来漫长的历史中,人们把各种政策都尝试过了,就像我们在阅读药品说明书一样,既懂得其适用性又深谙其毒副作用,进而对每一种策略都如履薄冰。与其尝试危险性把握不定的新招数,还不如将就现存政策或者对它小修小补。所以王安石变法受到司马光、文彦博、苏轼、范镇等人的抨击就是情理之中,他们谙熟古代历史甚至自身就是历史学家。史家的经验告诉他们,王安石推行的这一套古已有之,并且存在严重的问题;从而想从历史中找到"常",也就是规律性认识,抓住它就能防范祸乱、端正人心、纲举目张。

对于"政敌"的攻讦与揭露,司马光在《资治通鉴》,特别是"臣光曰"中多有反映。《资治通鉴》全书共一百一十多篇"臣光曰"。"臣"说明叙述对象是宋代皇帝。司马光说"每开经筵,常令进读",《资治通鉴》是大臣讲给皇帝听的(此做法在历朝历代都有),这就意味着司马光的历史叙述针对治国理政经验,尤其是针对时政阐发观点。司马光为皇帝讲史,讲的就是"常"。天理、人伦、圣言、事故诸多经得住历史推敲的规律;核心问题是如何落实儒家伦常,拨乱世,反诸正。

最有代表性的就是《资治通鉴》第一篇"臣光曰"。在周威烈王二十三年,周王命晋大夫魏斯、赵籍、韩虔为诸侯后,司马光洋洋洒洒,大谈"礼"纲纪人伦的作用,呈现了一篇漂亮的政论文。他尤其批评周天子自坏纲纪,引发一系列恶果:"君臣之礼既坏矣,则天下以智力相雄长,遂使圣贤之后为诸侯者,社稷无不泯绝。"这样的思路今天人会说迂腐,但是他是说给宋神宗的,神宗皇帝毕竟不是羸弱的周威烈王,而是要有所作为的壮年天子。如果头脑糊涂做出自毁长城、自掘坟墓的事，岂不追悔莫及？

再如玄武门之变后，司马光说：将嫡长子立为太子是礼，然而高祖之有天下出于李世民之功；隐太子李建成平庸低劣，居李世民之上，必不能相容。如果高祖有周文王之明，李建成有泰伯之贤，太宗有子臧之节（文王舍伯邑考而立武王，泰伯让位于弟季历，子臧将君位让人而离国），变乱焉从来？后来中宗、玄宗、肃宗、代宗的得位，都是效法太宗故事啊。这里司马光强调以礼让为国，我们也能看到其针对性：宋太宗以弟弟的身份继承兄长宋太祖的君位，就引发过朝野震动。如果君臣人人都谨言慎行守规矩，社会尤其是统治集团内部就不会有大祸乱，这种苦口婆心对于涉世不深的宋天子来说应不是虚妄之词。

又如唐玄宗之时日食不验，司马光认为是太史工作的失误；君臣为此而相互庆贺则是诬天。“采偶然之文以为符命，小臣之谄也；而宰相因而实之，是侮其君也。”“上诬于天，下侮其君，以明皇之明，姚崇之贤，犹不免于是，岂不惜哉！”他批评姚崇作为宰相不实事求是，反而阿谀逢迎；唐玄宗也坦然接受，明眼人就能看出这是借古喻今。有人把王安石比作孔子，把他的副手吕惠卿比作颜回，神宗皇帝也认为吕惠卿是“美材”。司马光一针见血对皇帝指出，吕惠卿心术不正，江充和李训这一类人如果没有才能，如何能打动人主？宋神宗默然不语；他还给王安石写信，说吕惠卿是阿谀之人，居下位要逢迎上司，但日后他必定将出卖您。王安石不悦，但后来吕惠卿果然背叛王安石。要之，如果我们把司马光当成以历史教化人心的老师，把宋天子当成渴求历史经验的学生，似乎这样对司马光的苛责就会少一些。

司马光在叙述过往帝王之时，不管是收录刘邦近巫的身世，还是认为帝王对公务员的任免、升降“不可言传，不可记载”，基本上是处处维护封建帝王的形象，独独他写到了汉武帝晚期的“轮台诏”，怎么看司马光对汉武帝的形象构架，柏杨又怎么看？

近年来，北大辛德勇先生《制造汉武帝》等文字质疑轮台罪己诏的真实，引发了社会对这一问题的广泛关注，讨论得非常热烈，说明现有资料还不足以揭开这一问题的谜底。

一切历史都是当代史，这是西方历史哲学家克罗齐的名言。科林伍德说，一切历史都是思想史。当代史也罢，思想史也罢，它强调今人对古代典籍文本有诠释的空间。一般民众读《通鉴》，和柏杨先生的思路应该是一致的，即抓住“人”。历史不能见事不见人。如果过了二十年、三十年，如果你还能清晰记得中学历史课本上的中国历史年代表，我觉得只有一种可能，您也成历史老师了。只有生动、具体、有过程的信息才是有教育意义的信息；空说半天理论，还不如我讲一个具体的事，用生动的情节去打动人。司马光就是如此，抓住了人。今天能从历史情境之中恢复当事人的所思所想，增加我们的人生经验，这是很不得了的一件事。

1954 年成立古籍出版社，第一个上马的便是“国家项目”——点校《资治通鉴》。据说这项工作也是毛泽东亲自倡议和交办的。如今《资治通鉴》已作为一个专门的学问，称“通鉴学”。抗战期间张煦侯先生写成《通鉴学》一书，介绍《资治通鉴》之编纂、史源、史学、书法等一系列问题，堪称经典，近年又有翻版；

新中国成立以后通鉴学的研究成果汗牛充栋，感兴趣的朋友可搜索相关论著。中华书局《资治通鉴》二十卷本，包含元人胡三省的注释，繁体竖排标点，初版于1956年，经久不衰，是目前最佳的一个版本。另外中华书局“中华国学文库”也推出《资治通鉴》简体横排十二卷本，亦含胡注；中华书局“中华经典普及文库”中的《资治通鉴》简体横排四卷本，删掉胡注。

曾国藩有道“百战归来再读书”。二十世纪九十年代后中国内地高校院系调整，原先政治系多变成了公关管理学院，《资治通鉴》是绕不开的“教辅读物”。大学里，历史系的人怎么看政治系的人研修《资治通鉴》？

非历史专业的人读《资治通鉴》自然是好事。梁启超先生《中国历史研究法》说《资治通鉴》是“皇帝教科书”，不仅皇帝大臣能读，一般读者也应该读，尤其是对社会人生懵懂无知的人。如果领导迷茫，不懂社会规律乱来，会给他的单位带来大麻烦；了解古人的经验，会少走些弯路。非历史专业的朋友掌握历史经验，是大好事。何兹全先生在《我所经历的20世纪中国社会史研究》中曾说，很少人读过二十四史，遇到问题临时查查《文献通考》之类的书就写文章；因此争来争去，也没有争出个名堂。“临渊羡鱼，不如退而结网”，要解释和解决中国社会史问题，需要读中国书，掌握中国社会史料。何先生说得很合理，也许从政治理论上讲得通的东西，会在历史情境中产生这样那样的问题最终推行不下去。比如王安石的青苗法初衷是好的，但是不问青红皂白推行青苗法，急于求成还用人不当，酷吏巧取豪夺、伤民害民，明明农民苦不堪言，凭空又多了紧箍圈。类似一刀切的做法,似乎并不只是古代的事情。我们今天从历史的角度研究它们,有现实价值。

如今的历史学研究工作的确是碎片化的,但是历史教育除了碎片化之外,还应该发挥体系化的教育功能。不仅某个历史场景能够增加人生经验,更重要的是整部中国古代历史更能启迪人们的思考:治国理政的法子,如果秦走不通,汉行不行?内圣外王的理想,孔孟没机会实现,汉唐宋可不可以?我们会发现古代很多现象,都是今天问题的翻版;当下不少瓶颈能在历史中找到思考方向。所以潜下心来,花长时间啃《资治通鉴》是值得的,即便走马观花也有收获。

李　凯

2022 年 3 月

目　录

《资治通鉴》历史时间线

从春秋战国到秦

——古今变革之会

关于《资治通鉴》里面的从春秋战国到秦这样的一个阶段，我们给它起了一个主题叫作“古今变革之会”，实际上这是中国古人对这一段历史的共识，可以说是中国古代最大的一个转折，也是我们学习先秦史与秦汉史里最为关注的一个环节和最大的价值。战国时代在著名的历史学家、哲学家王夫之先生的论述里称之为“古今一大变革之会”。王夫之先生有一部名著叫作《读通鉴论》，建议与《资治通鉴》一起对照着读。

一、礼坏乐崩的时期

用顾炎武的《日知录》里面的这一段话形容“古今变革之会”可能更为妥帖，“春秋时犹尊礼重信，而七国则绝不言礼与信矣”。七国指的就是战国七雄，用它来代指战国。之后他又总结，“春秋时犹宗周王，而七国则绝不言王矣；春秋时犹严祭祀，重聘享，而七国则绝无其事矣；春秋时犹论宗姓氏族，而七国则无一言及之矣；春秋时犹宴会赋《诗》，而七国则不闻矣；春秋时犹有赴告策书，而七国则无有矣。邦无定交，士无定主”。我们可以看到从礼、信这些思想观念，到王的政治地位、等级制度，到祭祀、聘享，到日常政治上的礼制与宗族姓氏的宗族社会传统，再到外交，再到国家之间的信息传递等等，春秋战国的变化是涉及社会的方方面面，最后一句“邦无定交，士无定主”，不管是国也好，人也好，“无定”两个字体现得特别透彻，各种事物、各种秩序都“不一定”。为什么“不一定”，因为过去的陈规已被打破，过去的传统已经更新，而新的传统与新的标准还没有立起来。这是一个除旧而迈向新社会的时代，所以叫作变革时代，它是无定的。

《资治通鉴》对于这一时期的关注点有这样几项。它关注的是这一时期的礼坏乐崩的状况，比如说一开始就说的三家分晋；它关注的是这一时期的变法风潮，比如说商鞅变法；它关注的是这一时期的策士纵横，比如苏秦、张仪的事迹；它关注的是这一时期依然存在的名士高人，比如说子顺、仲连；它关注的是养士成风的现象，比如著名的战国四大公子；它关注的是这一时期的百家争鸣的社会现实，比如儒法名墨他们的观点碰撞；它关注的是这一时期的武将捭阖，比如说白起他们的杀人盈城。

从这些关注点我们可以看出《资治通鉴》毕竟是一部中国古代的史书，而且是写给皇帝看的，它主要关注的点不是经济史，不是文化史，而更多的是我们今天所说的政治史和王者之事、士人之事，关注的是精英塑造的历史，因为在中国古代的史学观念里面，就是把精英的历史作为重中之重地强调。

当我们去看春秋战国之际的社会变动，可以在《资治通鉴》关注之外，即政治方面的历史以外，看到这段历史的社会变动涉及了方方面面：经济上，由井田制瓦解到小农经济的确立，封建土地私有制度的确立；政治和军事上，由春秋时期的争霸到战国时期的兼并；政治制度上，由春秋时期的宗法分封制到战国时期的专制官僚体制的建立；学术上，由学在贵族到学在民间；社会上，由世袭的社会到一个流动性变强的社会。整个社会变动的方方面面已经超越了我们古人的视野，这也是我们史学在最近几百年来的重大进步。

当我们把视野打开，按唯物史观基本的逻辑思路与基本的解释方式观照这一历史时期，可以看到随着生产力的发展，也就是铁犁牛耕的推广带来了生产关系的巨变，井田制的瓦解，封建土地私有制的确立，导致了阶级关系的变化，新兴地主阶级和自耕农阶级的崛起，这是经济基础影响到了上层建筑。当然上层建筑里面也有体现到顶层现象，我们可以看到王室衰微，礼坏乐崩，宗法分封制被破坏。这些变革一方面导致春秋争霸战过渡到战国兼并战，战争变得更加频繁，而另一方面导致了社会阶层的流动性增强，私学开始盛行，由学在官府到学在民间，带来了民间思想文化各家学派的盛行，出现了战国中期百家争鸣文化繁荣的现象。

一言以蔽之，这一时期各诸侯和新兴地主阶级的变法、封建制度的确立是主线中的重中之重。

当我们把目光放到经济方面，这一时期是从井田制到小农经济，也就是说农业决定了这一时期经济的基本态势。影响农业发展的因素有生产工具、耕作技术、作物品种、水利灌溉等方面。生产工具是动力，耕作技术涉及土地的运用，作物品种涉及农作物的本体，水利灌溉涉及的是水。在这一时期，不论是动力，还是水，还是土，都有着重要的变革，当然耕作作物的品种在这一时期并没有明显的变化，但是其他三个方面的巨变也带来了农业的巨变。生产力的发展以铁犁牛耕为代表，它是农业变化的发动机；导致生产关系的变化就是井田制的瓦解和封建土地私有制的确立；那么导致阶级关系的变化是新兴地主阶级和自耕农阶层的崛起。从获得能力到打破秩序，再到获得利益，导致身份演变，这是整个阶级关系的这种变化的一个还原。

只有有能力的人才可能去打破秩序，打破秩序后获得新秩序之下的心理，于是他就要为维持心理而进一步构建新的秩序，这里面就带来了身份的演变。过去的奴隶主贵族摇身一变，成了新兴的地主阶级，当然也有跟不上趟的人，他们就倒在了历史的洪流之中。

从唯物史观的角度，我们可以看到经济方面的变化在社会整体变革之中处于基础的地位，经济是社会变革的基础，经济基础决定着上层建筑。

二、从争霸到兼并

当我们把目光放到这一时期的政治和军事的巨变，会发现从春秋到战国中国的列国陡然少了很多，而每一个国家的面积也变得大了很多，这是从争霸战到兼并战不断地进行的结果。

其实春秋时期消灭的国比战国时期消灭的国要多得多,但是春秋时期战争的鲜明特点却不是兼并性,而是争霸性质,所谓的争霸就是做一个武林盟主,而兼并则是做一条大鲨鱼。兼并是吞掉并且变成我自己,争霸则是率领而着重于我之威望,这是一个很有意思的特点。

战国时期政治和战争的目的从争霸转而成为兼并,军队的数量不断地扩张,军事行动的范围在扩大,由步骑兵的野战、包围战代替了军车的车阵作战,当然,战争的惨烈程度也大大地增加了。春秋时期战争文质彬彬的礼乐色彩荡然无存,用孟子的话说,那个时候的战争就是“争地以战,杀人盈野,争城以战,杀人盈城”。战国时期战争的血腥程度在大幅地提高,它是一种消灭战、歼灭战,而绝对不只是一个击败性的征服性的战争。

春秋五霸与战国七雄都是我们耳熟能详的名词,它们两者之间到底有什么区别?为什么春秋是霸而战国是雄?古人的语境里面有“以力假王者霸”,所以春秋的霸主就是挟天子以令诸侯,他们是作为诸侯的盟主。而古语中又有“以力兼人者雄”,雄就是我自己是强的,我追求的不是成为你们的霸主,而是要消灭你们。而战国诸强的往来纷争都要结束周王室的统治,重新一统天下,最后是秦完成了。

春秋五霸时期最主要人物就是齐桓公与晋文公。齐和晋都是周王室的重要封国,齐国是姜太公的封国,晋是周的同姓亲族,他们代表着周王室分封秩序的一种余音。而战国始自三家分晋,这也是《资治通鉴》记述的开端。晋从原来的姬姓变成了赵、魏、韩三家。还有一个开端叫田氏代齐，或者叫田代齐姜，齐从姜姓变成了田姓，这两个大国的旧秩序被改变就意味着原来周王室分封秩序的余音进一步瓦解，曾经的两大霸主现在都已经改头换面，一个不复存在，一个换了人间。这就是春秋战国时期“霸”和“雄”之间的第一个重要的区别，他们的身份是不一样的。从这里面我们可以看到分封秩序被进一步破坏，这也是《资治通鉴》从三家分晋开始记述的重要原因。

第二点我们要思考的是，为什么春秋是争霸战而战国是兼并战？春秋战国之间礼坏乐崩的程度是不同的，战国时期礼坏乐崩到了一个顶点，所以一个国家根本不需要为别的国家的祭祀和宗族传统的制度进行考虑，他只需要灭掉那个国就可以了，而且不可“服而不灭”。吴越之间就是一个很典型的前车之鉴，吴国打败越国，但是没有灭掉越国，最后越王勾践卧薪尝胆二十年，反过来灭掉了吴国。服人国而不灭，反而可能要被灭，因此各国都选择了去灭掉那些能灭掉的国家。

下面我们需要思考诸侯国与周王室之间的关系。战国时期的亲缘关系明显变远了。春秋的时候，西周的分封才过了二百多年，亲缘关系还不够远。到战国的时候，分封已经过去了三五百年，诸侯与王室的血缘关系越来越淡，而且经过了春秋时期数百年，王室地位的不断衰微，诸侯国的力量不断强大，诸侯国已完全能够扮演主人这一角色了，周王室名存实亡，所以就有了赵魏韩三家分晋。周威烈王那个时候还要给他们以诸侯的头衔，司马光写《资治通鉴》的时候也认为这是一大政治败笔，也是礼坏乐崩进一步加深的一个标志。

第四个因素是历史走向统一的步伐。春秋的争霸战实际上是大鱼吃小鱼,吃到后来还剩下战国七雄:当然还有一些其他的国家,但这些小国在我们的历史记录里面的存在感是很弱的,所以我们一般只是说战国七雄,齐楚燕韩赵魏秦。历史走向统一的步伐就这样一步一步地落到尽量少的国家、尽量少的参与者的身上,这也是历史的趋势。

第五个因素就是生产力对战争的支持能力增强。战国时期随着铁犁牛耕的推广,以及封建土地私有制的确立,人口出现了大规模的增长,农业生产的能力也是大幅度提高,使得大规模的战争有了可能。大规模的战争有两个前提,第一个是打仗的人要多,第二个就是战争的军粮充足,要有这么多的粮食去满足士兵的需求。所以战争规模扩大的前提就一定是农业生产能力的急剧扩大,它是一个生产力的影响。

从第六个角度思考的话,就是国家治理方式的进步。之前都是小国治理,当国家不断地扩大侵占区域,把原来比较陌生的地域或者是敌国的、邻国的土地兼并过来以后,如何去治理,本身就是一个难题。过去的治理方式完不成这样的任务,所以那些小国索性就不扩大自己的疆域。现在国家的治理方式在不断地进步,这种进步既来自于经验,也来自于这一时期百家争鸣提供的各种各样的思考与治理方式,这也是战国时期能够实行兼并战的一个重要前提条件。

简而言之,春秋时期为什么不去兼并?因为在历史趋势上看,它不必兼并,在国家能力上看,它不能兼并。而在战国时期兼并战争已经是一个必要的历史任务了,国家能力上也可以完成这样的兼并。历史就像是一个有机体一样在成长，在推进，在提供自己向新阶段发展前提的营养要素。

按照王凤美等专家学者的说法我们来看一看春秋争霸战争的意义。“争霸战争加快了统一中国的步伐。大国在争霸和兼并战争中，开拓了疆土，扩大了地盘，比如山东诸小国为齐国所并，河北、山西诸小国为晋国所并，江淮、汉水诸小国为楚国所并，西北诸小国为秦国所并。这就使春秋初年为数众多的国家缩减成几个大国，实现了区域性的局部统一，为以后全国性的统一起了奠基的作用。”也就是说春秋时期打的是小组赛，而到了战国时期打的是淘汰赛，战国七雄全都是经过淘汰赛的拼杀而出现的大鱼了，从局部统一走向整体的统一。

《史记·平准书》里面也记录了战国时期兼并的特点：“自是以后，天下争于战国，贵诈力而贱仁义，先富有而后推让。故庶人之富者或累巨万，而贫者或不厌糟糠。”可见社会的两极分化在不断加剧。“有国强者或并群小以臣诸侯，而弱国或绝祀而灭世。”这是一个变动的时代，带给我们无限的可能和残酷的现实。秦惠文王七年，与魏战，斩首八万；秦惠文王后元十一年，败韩岸门，斩首万；秦武王四年，拔韩宜阳，斩首六万；秦昭襄王十四年，白起攻韩、魏于伊阙，斩首二十四万；秦昭襄王三十三年，破魏，斩首十五万；秦昭襄王四十三年，白起攻韩，斩首五万；秦昭襄王四十七年，白起破赵于长平，坑降卒四十余万（著名的长平之战）；秦昭襄王五十年，攻三晋，斩首六千，晋军走死河中两万；秦王政二年，攻卷，斩首三万；秦王政十三年，攻赵，斩首十万等等。从以上这些信息我们可以看出来这个时期战争之惨烈程度是春秋时期所无法比拟的。这是一个胜利者书写的时代，而失败者在这里面只有消失这一个结局。

三、战国中局的转折

实际上一直到秦统一天下之前十年，在战国七雄里面并没有出现哪个国家真的把另个国家兼并了的事，各国之间虽然有强弱之分，比如说秦、楚、齐比较强，燕、韩比较弱，但是并没有说哪个国家就真的被打没了。

在战国中期确实有一个大国差点完全被兼并掉了，但后来它又恢复了生机，只不过国力已经大不如前，这就是齐国。

我们接下来看一看战国中局的转折，这在《资治通鉴》里面有着比较详细的记录。它涉及燕国和齐国的恩仇，却影响到了整个战国，也影响到了中国未来的走向。周显王四十八年（前321），燕易王薨，子哙立。燕王哙即位之后五年左右，他就专任自己的相国子之，把国政基本给子之打理。这时有一个叫鹿毛寿的跟燕王说，人们都推崇尧，认为尧是个贤君，因为他能够禅让，今天如果你把王位禅让给子之，你就成了跟尧一样的人。燕王哙信了鹿毛寿的话，真的将王位给了子之，这样子之就成了事实上的国君。子之为王三年之后，国内大乱，大家不听他的，因为他的王位名不正言不顺。子之既不是王室，又不是燕之诸侯的这一脉，乱了嫡长子继承制。这个时候齐国作为燕国的邻国，出手帮着去伐燕，燕国子民绝对不会为子之效命，城门也不闭，让齐人如入无人之境，把子之给杀了，同时也把燕王哙给杀掉了。

按孟子的说法,齐国很顺利地战胜燕国,那么这是一场王者之战,因为燕国的军民都认同这场战争。在这种情况之下燕人立了太子平,著名的燕昭王。而齐国对于燕国而言有两种身份,一种身份是燕国的恩人,因为他们帮助燕国把子之引起的内乱给解决了,但是齐国的国君齐湣王想要继续控制燕国,这样就造成了他成为一个事实上的入侵者。

燕昭王在破燕之后即位,吊死问孤,与百姓同甘苦,招揽贤士,希望能够振兴燕国去复仇。他找了谋士郭隗,郭隗给他讲了一个千里马的故事:以前有个国君给了千金让人去求一匹千里马,然后有人就给他找了一匹千里马,可是找到以后马已经死了。买马的人说,死的也要。于是他用五百金把马的尸身给买回来。买回来以后国君大怒,说我要的是千里马,不是死马。然后买马的人就说,您别着急,死马您都花重金去买,何况活马,这马一定有人给您献过来。果然不到一年的时间,别人献给国君三匹千里马。讲完这个故事郭隗就说,今天昭王您想要去延揽贤人就从我开始,您给我最好的待遇,然后比我更贤的人就会过来了。燕昭王听了他的话,就给他筑了一个黄金台专门招揽天下的贤者,于是乐毅自魏往,剧辛自赵往。乐毅等人过来以后,燕昭王委以重任,燕国在此时就渐渐地卧薪尝胆,然后走向中兴。

齐湣王在这一时期野心不断地膨胀,他灭了宋国之后日益骄横,向南打楚,向西又打赵魏韩三晋,想要并二周为天子,诸侯都很讨厌、警惕他,齐国实力这么具有侵略性,大家都很害怕成为下一个攻打对象。齐湣王也是给自己四面树敌。

而燕昭王在这一时期把国家建构得日益富实，于是跟乐毅开始一起谋划伐齐，因为齐国现在已不得天下之心。乐毅说：齐，霸国之余业也。他们老祖宗很厉害，齐桓公是春秋首霸，之前的齐威王、齐宣王也都很厉害。齐湣王虽然水平不够，但是国力还是很强大的，单独去打肯定打不下来。于是燕国找了同盟，把赵、楚、魏等这段时间一直被齐国欺负的这些国家约起来，秦国也想要分一杯羹，于是几个国家一起去打齐国。燕王起兵之后，以乐毅为上将军，秦魏韩赵燕五国一起伐齐，齐湣王抵挡不住，齐师大败，最后齐王被杀。

荀子曾经给过这样的一个评论："国者，天下之利势也……用国者义立而王，信立而霸，权谋立而亡。……善择者制人，不善择者人制之。"国确实是个好东西，尤其是大国，确实是一张好牌，但这个好牌就看你怎么打，如果你用义去行走天下，那么你就是真正的王者，大家都尊崇你，但是你如果像齐湣王那样，用权谋骄横，想吞二周并诸侯，那么大家都要谋心灭了你，所以要么制人，要么人制之。燕国和齐国之战到最后，齐国七十多座城被打得只剩两座城，已经奄奄一息了，后来田单摆火牛阵，终于破掉了诸侯的联军，恢复了齐国被攻陷的城市，但是复建起来的齐国已经远远没有原来的实力了。

本来七国之中最有希望统一天下的是秦和齐两个国家，它们两个国家也是原来最早称东西帝的，但是现在齐国经此一役，元气大伤，已经没有办法再继续一统天下。这件事是春秋战国时期的一个重要的分水岭，也是中国历史的一个重要的转折点，它给秦国统一天下提供了可能性。

在战国的纵横捭阖之中，秦国是联合了另外的四个国家，燕国作为主帅一起去攻打齐国，这也符合秦国的一个重要的国策，“远交近攻”之策，这个策略虽然不是这一时期开始实施，但是这确实是很符合其国际政治的特点。

四、如火如荼的变法运动

各国变法运动是战国时期核心中的核心，它涉及经济政治格局、行政权力、社会阶层、文化学术等诸多方面的变革，经济上由土地的井田制变成土地的私有制，土地由国有变成个人私有；政治格局上由诸侯分封制变成争霸与兼并制并行；行政权力方面由宗法世袭制变成专职职业官僚制度；社会阶层方面由世袭到流动；文化学术方面由贵族到民间，出现了百家争鸣。这些变化如果合成一个词的话就叫作走向帝国。

这一时期由列国向帝国转型的主题就是变法，比如说魏国的李悝变法，楚国的吴起变法，齐国的邹忌变法，韩国的申不害变法，还有最著名的秦国商鞅变法。各个不同的诸侯国变法运动遍地开花，形成合力，体现出向帝国转型的历史主题，这股风潮它是由东方的魏国为先开始吹起，然后逐步影响到楚国、齐国，再到西边的秦国。秦国的变法再转过头来去更深一步地影响东方六国。战国时期的变法运动最终建立起了一套君主专制制度。

这套君主专制制度的三大核心是君主专制、中央集权和官僚制度，而这些制度在改革之前是没有的。官僚制度是取代了贵族制度，贵族制度是世卿世禄的血缘政治，家族的高贵是因为上天的神秘性，而官僚制度不是，你是怎么生的不重要，上天的成分也不重要，后天在人间的努力才重要，你的才能决定着你在人间的位置，于是天人之间的关系开始出现了进一步的分殊。官僚制度之下，将相开始分立，文武开始分职，专业的人做专业的事情，而原来的将相是一体的，文武是一职的。

官员的选拔和任免都听于国君，这样就加强了中央集权和君主专制。国君用俸禄供养官吏，也就是说国家是雇用你的，那么国家解雇你也是随时而行的，这样官吏和国家之间就存在一种流动性。官吏想去哪就去哪，想帮助哪个国家就帮助哪个国家，而列国之间也竞争着官吏的使用权。对官吏的考核与监察也加强着君主专制。因为权柄标准都掌握在君主的手中，但是这种标准实际上是由官吏本身去制定的，由官吏本身作为一个体系去考察官吏的个体，由制度去考察个体。

这个时期实行新的行政区划，建立县制渐渐取代了地方的分封制度，这也是中央集权的加强。以法治国取代了以礼治国。

总而言之，这些制度其实是将国家打散，使得由家族组成的国家变成了由个体组成的国家。“法”的推广也是这样的一个途径，因为礼更多的是从宗族内部扩展到全国，它是以一个个大家族作为单位的，家族内部先治家，然后再治国。而法是社会公意的共识，它是面向社会中个体的人，社会的个体化取代了社会的宗族性，这成为这一时期社会发展的一个重要特点，也是很深刻的历史认识。

这个时期的宗法分封制被官僚专制取代，一言以蔽之，就是专业的人做专业的事。从西周时期的礼乐征伐自天子出，到春秋时期的礼乐征伐自诸侯出，战国时期的礼乐征伐则自大夫出。宗法分封制被破坏，“礼坏乐崩”实际上就是家族的血缘政治被打破，而个体的人的自由度与重视度空前加强，整个社会越来越个体化了。个体化的前提当然也是因为生产力的发展，使得越来越多的人有能够走向个体化的路径，他们被解放出来了。

战国时期，世卿世禄制被俸禄制所代替，个人由国为家所把控变为被国所雇用。

按照晁福林先生《春秋战国的社会变迁》里面的观点，“战国时期君主朝廷中的大臣有许多已经不是名门显贵，而是平步青云摄取公卿者。这样的大臣在朝廷中的位置都由君主好恶而决定，这和春秋时期有很大的不同”。

秦孝公的求贤令里是这样说商鞅的崛起的：“三晋攻夺我先君河西地，诸侯卑秦，丑莫大焉……宾客群臣有能出奇计强秦者，吾且尊官，与之分土。”秦孝公动用了分封的诱惑去招揽“奇计强秦者”。而商鞅“年虽少，有奇才”，求奇计者遇上有奇才的年轻人。秦孝公当时是二十岁左右，商鞅的年龄也与其相仿，两者碰撞出了火花，而这个火花影响了中国未来的两千多年。

商鞅第一次求见孝公的时候，说之以帝道，讲上古的黄帝神农这些人怎么治国治天下的，秦孝公听得昏昏欲睡，史书说“其志不开悟”。你对人家说这些神话，人家当然不理你了。第二次，商鞅又去见孝公，说的是王道，谈尧舜禹汤是怎么治理天下的，秦孝公也没有听得进去。你对人家说这些废话有什么用，因为要想行王道不是眼前的事，没有个一百年两百年是治理不好这个国家的，至少秦孝公这辈子是看不到成果的，人家青年人一腔热血，就想着赶紧见成果，雪耻辱。然后秦孝公就怪自己手下：你推荐个什么人来，净说这些神话、废话。商鞅和推荐的人说：您别着急，您再推荐一次，这次见大王我保证让他满意。第三次见面，商鞅拿出真本事跟秦孝公说之以霸道，他讲齐桓、晋文这些人是怎么打天下的。这次孝公听来劲了，其意欲用之。可是商鞅讲到高潮的时候走了，想听下次再约（这次我跟你讲真话，但是我要看看你到底有多大的兴致）。第四次，秦孝公赶紧去约商鞅，“公与语，不自知膝之前于席也，语数日不厌。”古人是跽坐，然后他一边听一边膝盖就往前挪，不断地靠近商鞅，促膝长谈。谈了好几天都谈不厌，这次真正出现了君臣之间的一种对话。

从这里面我们可以看到秦孝公想要强国的迫切性。你讲那些神话废话都没有用，我就要求立马强大，所以坚决性就体现出来了，同时他有雄才，又能容忍看着像人才的人，让他们慢慢地掏出自己真的东西，而商鞅这种做法也一定不是他的迂腐不堪，非要说之以帝道和王道，最后才说之以霸道，而是用帝道和王道去试探他，最后才说真话，然后引出君臣之间的对话，他也在测试秦孝公，想判断这个年轻人到底是一时的热血上头，还是真正地能够有雄才和容人之量，能够完全地给我信心，去坚决地改变国家，改变天下，秦孝公与商鞅走到了一起碰出了火花。

但是火花在这一时期总会遭到冷水，那么孝公遇上的冷水就是“恐天下议我”。他就怕天下人尤其是他的大臣们不听话，议论纷纷，因为变法就要动利益相关的人群，会遭到很多人的抨击和吐槽，于是这个时期的商鞅说：“疑行无成，疑事无功。”你不要畏首畏尾、疑疑惑惑地做事，是没有能成的，“愚者暗于成事，智者见于未萌”，我们要洞彻历史的发展趋势。于是商鞅与甘龙杜挚等这些保守派大臣在朝堂上公然地进行了一场孝公面前的辩论。商鞅指出：“三代不同礼而王，五伯不同法而霸。智者作法，愚者制焉；贤者更礼，不肖者拘焉。”我们不要被前贤的东西拘束，我们自己也不逊色于前贤，如果我们要拘束于前贤的礼和法，但是三代不同礼，五霸不同法，我们遵循哪一个？时代的变化与我自己的变化都决定了方法的变化。他说：“治世不一道，便国不法古。故汤武不循古而王，夏殷不易礼而亡。反古者不可非，而循礼者不足多。”尊古不见得好，变古反而能称王，没有不能变的，唯一不变的就是必须按时而变。

这是何等不易的呼声，在那个历史退步观、传统至上观盛行的一个时代，在倒着向前走，眼睛朝后看的时代，商鞅愿意把身子转过来，带着大家一起向着理性指引的前方前进。这是何等自信和坚决，何等的气魄。“治世不一道，便国不法古”在未来的两千多年里成为所有变革者的圣经。

商鞅之所以能够成功，是由于他的思想来源多元，成分复杂。他最初的思想背景是卫国的政治传统，卫国本来就有变革的政治传统，他的思想基础是由于他年轻的时候游仕于魏国，吸收了李悝和吴起在魏国河西之地变法的思想与经验，经过了针对秦国特点的取舍和调整，他终于找到了适合自己的沃土，当然还找到了跟自己有知遇之契的国君。卫鞅（商鞅是他取得了“商”这块封地后的称呼）为什么在秦国能成为商鞅，是由于秦国的现实要求和他的目标抱负一致，而他本身的流落处境以及用世立功的迫切心情最终促成了这样的一个绝世的火花。

谈到用人，我们还可以举一个例子就是范雎。范雎主要活跃在秦昭襄王时代。《资治通鉴》里记载，周赧王四十五年，范雎经过千辛万苦，在魏国差点死了，最终来到了秦国。他跟商鞅有很多相似的地方：他们都曾经在魏国待过而不受重用，遭受凶险最后来到秦国，为王所用改变历史，扬名天下。

范雎第一次见秦昭襄王的时候，昭襄王也很年轻。当时国政主要被他的太后和舅舅所把持着，然后范雎故意说：“秦安得王！秦独有太后、穰侯耳。”这话就说到了昭襄王的心坎里了。昭襄王屏退众人，跽坐，立起身子，请曰：“先生何以幸教寡人。”（你能不能跟我多说一说。）他感兴趣了，但是这个时候左右窃听的人很多，范雎先不敢言内事，先言了外事，要看一看“王之俯仰”，看一看大王的心意到底怎么样，于是进了一个计策：“今王不如远交而近攻，得寸则王之寸也，得尺亦王之尺也。今夫韩、魏中国之处，而天下之枢也，王者欲霸，必亲中国以为天下枢，以威楚、赵，楚强则附赵，赵强则附楚，楚、赵皆附，齐必惧矣，齐附则韩、魏因可虏也。”他提出“远交近攻”的政策成为未来几十年秦的一个基本的外交国策。王曰：“善。”然后让范雎作为客卿去跟他相谋兵事。

后来随着范雎日益受到重用，他就可以跟昭襄王说一说实话了。他说，我原来在山东六国的时候，只听说过秦有太后，不闻有王，然后又说了很多穰侯和太后的坏话，说他们可能要夺秦王的权。“臣窃为王恐，万世之后有秦国者，非王之子孙也！”这句话完全说到昭襄王的心坎上了。这时范睢已经立下了很多功劳，昭襄王也是把他视作自己的心腹了，在他的鼓动之下废掉了太后，驱逐了穰侯还有其他的党羽，以范睢作为丞相，封为应侯。这是范睢上位的故事。

范睢打击秦国的外戚的势力，同时他也确实是在为自己谋地位，所以他的手法并不是很正大光明，但是达到的效果确实也有利于秦国的强大。所以司马光在《资治通鉴》里面详细记载了这样的故事，他有这样的一段评价（“臣光曰”）：“穰侯援立昭王，除其灾害，荐白起为将，南取鄢、郢，东属地于齐，使天下诸侯稽首而事秦。秦益强大者，穰侯之功也。”就是说，穰侯对于秦昭襄王有功，对于国也有功劳，“虽其专恣骄贪足以贾祸，亦未至尽如范睢之言”，虽然他有问题，但是不至于差劲，“若睢者，亦非能为秦忠谋，直欲得穰侯之处，故搤其吭而夺之耳。”所以范睢除掉穰侯不是纯心地为秦国去谋公益的，他也是为了自己坐上丞相的位置，“遂使秦王绝母子之义，失舅甥之恩。要之，睢真倾危之士哉”。司马光说，秦王为了权力斗争而把家庭的亲情都铲断是不对的，从这点上看范睢是破坏家族家庭亲情的倾危之士，他对国家是不利的。

以功利视角而言，范睢当秦国的丞相，确确实实让秦国变得更加强大，往走向统一又更进了一步，而且是一大步，他绝对是有功于秦国的，比起穰侯，他的功劳毋庸置疑在历史上要更大，但为什么司马光这么说？这就是不同的站位、不同的立场，有不同的历史评价。司马光是站在为宋朝国君进言的角度之上，而国治始于家治，国乱始于家乱，不能再有家族内部的纷争混乱，不然，这个国家危哉。他是站在一千多年之后，基于他当时所处的现实的评价，所以“一切历史都是当代史”，这话说得是很有道理的。基于司马光那时想对君王说的话，他对于范睢和商鞅有自己的评价，这也是司马光在《资治通鉴》里面所体现的个人色彩，他是客观地记述史事，然后通过“臣光曰”把个人的色彩单独择出来，而不是糅在史事叙述里，这是他史家本色的精神，也是《资治通鉴》的过人之处，今天我们可能不一定认同他的“臣光曰”，但是我们也能够理解司马光的史家和大臣的两重身份之所在，史家记录史事，大臣通过史事进言，他是既是史家又是士大夫多重身份的叠加，“臣光曰”是司马光的心血所在，也是司马光的特色所在。

五、社会阶层的流动

战国时期，由世袭社会变成人员流动性更强的社会，它变得更加有活力了。原来的世袭社会是以西周春秋时期的等级秩序分封制的天子、诸侯、卿大夫、士，这样等级性很强的阶层作为基础的，这四个阶层是不可流动的，而战国的新兴地主、新兴的士阶层体现出了社会流动性之中最重要的一个方面，士阶层的崛起。士既来自于旧的封建领主贵族的没落沉降，又吸收了平民之中的有文化才艺和有军功的人，所以这一时期士的阶层空前地扩大，既来自于沉降，也来自于上升。孔子面临的社会状况与理想社会之间就存在着这样的需要，靠士阶层而实现。孔子所面临的社会一方面礼坏乐崩，需要重塑秩序，他提出复礼求仁的这种思想；另一个方面礼坏乐崩带来人文下移，再加上孔子所崇尚的有教无类的这种方式，更加促成了这种人文下移、学在民间的现象，使得民间私学开始兴起，据此构建了理想社会的恢复西周盛世的人文礼乐。这是孔子的做法与设想。

到了战国时期，这种设想已经基本成型，且在实践之中基本成熟起来，战国的士已经与出身无关了，他们可能来自于贵族，也可能起自于卑贱，用《诗经》里的话叫作“高岸为谷，深谷为陵”。其共同的身份标志是他们都有能力、知识、智慧和才能，士就从一个阶层变成了知识分子的一个代称。士是当时社会上最活跃的一个阶层，也是能够左右时代变局的一个阶层，“得士者得天下”。

战国时代游说和从师是进入仕途的两个重要的途径，战国中期以后，各国有权势的大臣多养士为食客。著名的战国四君子都是如此，其中最为有名的就是孟尝君。《资治通鉴》里面记载，周显王四十八年(前321)，孟尝君在这一年招致诸侯游士及有罪亡人，“皆舍业厚遇之，存救其亲戚，食客常数千人，各自以为孟尝君亲己，由是孟尝君之名重天下”。但是司马光说：“君子之养士，以为民也。”他认为士应该为民所用，而不是为己所用，“养一人而及万人者，养贤之道也”这是好事，但孟尝君养士怎么养的？“不恤智愚，不择臧否，盗其君之禄，以立私党，张虚誉，上以侮其君，下以蠹其民，是奸人之雄也，乌足尚哉。”这种事情就是利私的，是给自己搞小团体，搞政治声誉，是民之毒也，是奸人之雄，这是不对的。但实际上我们可以看到在战国时代孟尝君能因此得其美名，甚至因此而躲开了一些政治上的祸患，在诸侯之间寻找到自己的谋生之道，立身之道。我们也必须要正视司马光这段话，他是站在宋朝政治基础上说的，宋代的君主最怕士大夫结党营私，然后“张虚誉，盗君之禄，蠹其民，成奸人之雄”。司马光是站在宋朝人的标准上去评价前朝，这是历史的当代文化的现象。

对于孟尝君，司马光也有不同的评价。同一年，他记载了孟尝君的另外一件事情：“孟尝君聘于楚，楚王遗之象床。登徒直送之，不欲行，谓孟尝君门人公孙戌曰：‘象床之直千金，苟伤之毫发，则卖妻子不足偿也，足下能使仆无形者，有先人之宝剑，愿献之。’公孙戌许诺，入见孟尝君曰：‘小国所以皆致相印与君者，以君能振达贫穷，存亡继绝，故莫不悦君之义，慕君之廉也。今始至楚而受象床，则未至之国何以待君哉！’”这把孟尝君给架上去了，你不能在楚，我就收这么贵重的礼物，其他国家怎么办呢？“孟尝君曰：‘善。’遂不受。公孙戌趋去，未至中闺，孟尝君召而反之，曰：‘子何足之高，志之扬也。’公孙戌以实对，孟尝君乃书门版曰：‘有能扬文之名，止文之过，私得宝于外者，疾入谏。’”就是说只要能够把我的问题说出来，能够对我扬名有好处的，能够对我有帮助的，我不管你有什么私心，你都赶紧过来，孟尝欢迎你。

司马光对这件事给出了正面的评价：“孟尝君可谓能用谏矣，苟其言之善也，虽怀诈谖之心，犹将用之，况尽忠无私以事其上乎。”对于孟尝君来说，只要食客说的话客观上是对的，不管他主观上存着什么样的心思，不管人品如何，都用他。最后司马光说："况尽忠无私以事其上乎。"何况忠言逆耳利于行的忠臣。他说的实际是自己，他是就着孟尝君这事给皇帝表明自己的忠心。

转眼到了公元前279年，四十二年过去了，"初，齐湣王既灭宋，欲去孟尝君，孟尝君奔魏。魏昭王以为相，与诸侯共伐破齐。湣王死，襄王复国，而孟尝君中立为诸侯，无所属。襄王新立，畏孟尝君，与之连和，孟尝君卒。"孟尝君去世以后"诸子争立，而齐、魏共灭薛"，因为孟尝君的封地在薛，所以薛实际上是一个国。孟尝君去世之后，诸子不争气。齐国与魏国这两个国家共同灭了他的后代，削地，孟尝君绝嗣。这也是一个很惨的结局。他在世的时候倒是没什么问题，但是之后他的子孙都绝了，这是对古人而言最不好的一个下场。司马光引了扬雄的《法言》或问："信陵、平原、孟尝、春申益乎？"曰："上失其政，奸臣窃国命，何其益乎？"这些人不过是奸臣窃国命，这有什么好处呢？这代表了司马光本人的一个评价。

这个时期我们看到除了孟尝君养士以外，士人纵横，谋诈百端的现象，张仪、苏秦也是大家所熟知的。《资治通鉴》记载："张仪相魏一岁，卒，仪与苏秦皆以纵横之术游诸侯，致位富贵，天下争慕效之。又有魏人公孙衍者，号曰犀首，亦以谈说显名，其余苏代、苏厉、周最、楼缓之徒，纷纭遍于天下，务以辩诈相高，不可胜纪，而仪、秦、衍最著。"司马光记述这一时期纵横天下的这些策士状况之后，他也引用了孟子的一段话去代替自己的评价。司马光就论孟子这段话说得很透彻，"《孟子》论之曰：或谓：‘张仪、公孙衍，岂不大丈夫哉！一怒而诸侯惧，安居而天下熄。’”孟子的学生说，张仪、公孙衍这些纵横策士大丈夫说话算数，一怒，天下都为之所动。孟子说，这哪是大丈夫，我告诉你什么叫大丈夫，“君子立天下之正位，行天下之正道，得志则与民由之，不得志则独行其道。富贵不能淫，贫贱不能移，威武不能诎，是之谓大丈夫。”这才是大丈夫。大丈夫在于内心的充沛，在于内心的道德境界与人格的完善。所以我的天爵，不在于人间的这种富贵权威，因为人间的富贵权威是不可靠的，人间的评价也是不可靠的，都是转瞬即逝的，是妾妇之道，他们讨好国君，以达到自己的目的，这是不足取的。而孟子所讲的是内心的聪明，是种道德原则的确立，是种永恒的标准，是天道与人的结合。

从孟子到司马光甚至再到我们今天，我们的道统是一以贯之的，而面对战国中期时代的变化，孟子作为儒家的亚圣（当然那个时候他还没有被封为亚圣），他也感受到了这种时代的挑战。墨家是以原始的人道与现实的功利原则相结合，以仁爱与求利兼得的观点去迎合民众，所以信的人很多；新道家（杨朱）突出个体的权利意识，迎合士人，信的人也很多；法家鼓吹耕战，崇尚权力，迎合诸侯，他不要求天下人去信，因为天下人信没用，但是诸侯全信了；纵横家如公孙衍、张仪，他们玩弄政治权谋，权倾天下，在实践上就否定了儒家成圣的人格理想，去迎合政客，这些都使得儒家在现实的利益面前受到了极大的冲击。

那么如何重振儒学呢？只能通过与其他各家的论战来阐发儒学，把自己的这块璞玉打磨得更加晶莹剔透、更加精美。论战是证明自己的正确性，那么谁来重振天下？谁来做这种阐发论战？孟子曰：舍我其谁也。这是孟子的气魄。孟子的气魄来自于他的焦虑与自信，而孟子的焦虑来自于士流与当权者同床异梦的时代的特点。

士流的主张“借势行道”，而欲行之“道”，多与当权者的意图南辕北辙，有追求权势禄位的张仪、公孙衍之流，也有逃避合作的如陈仲一类，更有“处士横议”的杨朱、墨翟及昌言神农之事的许行之徒。对于张仪、公孙衍，孟子可以用一句“妾妇之道也”加以蔑弃，但是对于新道家杨朱、对于墨家、对于农家许行，他们的言语，甚至有“杨墨之言盈天下”之说，他们声势上大有盖过儒家之势的，孟子对于他们很警惕。他把杨墨之言比作是尧时候的滔滔洪水，比作桀纣时期的乱政，乱政之言横行，以天下为己任的孟子如何能不焦虑呢？所以他说“予岂好辩哉，予不得已也”，他才要提出大丈夫的标准，而这也成为中国人心中的一个标准。

这一时期也不乏符合孟子所说的“大丈夫”之规的人，《资治通鉴》里有这样的一则记载，说的是子顺。秦一开始要伐赵，魏国国君考虑救还是不救，魏王问诸大夫，谋臣们都认为秦伐赵对于魏是好事儿，因为魏和赵是竞争对手，而且彼此的实力相距不远。这个时候子顺就说：“秦，贪暴之国也，胜赵，必复他求。”秦国贪得无厌，胜了赵国后一定来打你。“吾恐于时魏受其师也。先人有言，燕雀处屋，子母相哺。”它们以为很安稳了，结果“灶突炎上，栋宇将焚，燕雀颜不变，不知祸患之将及己也”，等到这个炉子着火了，屋子要被烧着了，燕雀在屋檐下边还高高兴兴待着，以为这事跟自己没有关系。这个不就是魏国跟赵国之间的关系吗？“今子不悟赵破患将及己，可以人而同于燕雀乎。”今天如果看不透这一点，看不透秦伐了赵，然后马上就要来打魏，魏国不就跟燕雀一样了？可见，子顺才是看得明白的人。

第二个例子是鲁仲连义不帝秦。秦王让使臣跟魏王说，我去打赵国早晚会打下来，打下来之前谁敢去救他，等我打下来赵国以后，我马上派兵打他去。这就把魏王给吓唬住了，他就想去说服赵王，一起去尊秦为帝，给秦升一级，让秦退兵就得了。这时候鲁仲连正好在赵国邯郸，听说了以后，就去见新垣衍说：“彼秦者，弃礼义而上首功之国也。”秦国是没有礼义的国家，是虎狼之师。“彼即肆然而为帝于天下，则连有蹈东海而死耳，不愿为之民也。”他如果真的成为天下的帝王，那么我鲁仲连宁愿蹈海而死也不愿意做他的子民。这是一种决心。接下来他又说：秦是万乘之国，魏也是万乘之国，万乘之国都有称王之名，为什么打一仗不胜就把他们尊称为帝且甘愿居于其下？这是一个极为窝囊的举动，我怕这么弄下去，魏国的国君最后肯定下场很惨。他说动了新垣衍，改变了事态。鲁仲连后来有很多类似的事迹，但通过他的不惧强权、义不帝秦的姿态可以看出他绝对是威武不能屈的人。

同时他还富贵不能淫。公元前257年，这是他义不帝秦之后的第二年。因为救赵有功，平原君欲封鲁仲连，结果使者去了三次，鲁仲连都不接受。平原君又趁着鲁仲连过生日给他千金，鲁仲连说：“所贵天下之士者，为人排患释难解纷乱而无取也，即有取者，是商贾之事也，而连不忍为也。”他是这样侠义的性格。他不愿意帮人做事，然后收钱，他认为这是商务之事，士不做这样的事情。帮忙后不要赏赐，也不要感谢，他只做该做的事情，这个事情和任何人都没关系，只是遵义而行，这就是儒家的一个基本信念，也是士的基本信念。“遂辞平原君而去，终身不复见。”这样的人格与当今社会的价值观是截然不同的，即使在那个时代，这样的价值观也是很少见的，但是它终究在我们的士人身上有所保存，这就是中国的士道。

六、大一统时代开启

秦朝作为中国历史上一个划时代的里程碑，它从“六王毕四海一”而始，开启了中国历史上的大一统时代。当然大一统时代一直到汉武帝的时候才最终成型，但是秦是这一局面的开拓者，是它的开端。

“六王毕，四海一”，秦始皇的统一事业开始，海内为郡县，法令由大一统帝制创建，而天下苦秦，秦国十五年灭亡，在秦的统一与速亡之中我们能看出来中国历史的深刻张力。“其兴也勃焉，其亡也忽焉。”

秦始皇的统一事业在十年之间完成，将韩、赵、魏、楚、燕、齐六国依次灭掉，可以说他达成了一个创世纪的伟大功业。由此秦始皇认定自己德兼三皇，功过五帝，于是自号为“皇帝”，其命为“制”，令为“诏”，自称曰“朕”，达成了皇帝的独尊、皇权的至上以及皇位的世袭。“朕为始皇帝，后世以计数，二世、三世至于万世，传之无穷。”当然，最后只传了二世，所以别说万世了，两世而止。没止的地方就是他所创立的国家原型与国家基本的官僚制度,这种体制一以贯之,一直到今天。在《史记·秦始皇本纪》里面,对秦始皇有这样的评价:"平定天下,海内为郡县,法令由一统,自上古以来未尝有,五帝所不及。"这确实是肯定他的千古功绩。周良霄先生的《皇帝与皇权》里面这样说,秦始皇"皇权的加强和神化,郡县制的全面推行,体现专制皇权的官僚机构和各种制度的建立,法律的完备和统一,皇帝对军队控制的加强等等,这些就是专制主义中央集权的主要内容"。他的构建帝制的要素都在周良霄先生的这段话里,但是到最后这个制度还在,但是看似强大无比的秦却不在了,为什么,因为过于暴虐,所以"仁义不施而攻守之势异也",这是贾谊《过秦论》里面的千古名言。

在秦始皇一统天下的这一年,公元前 221 年,秦王政二十六年,司马光写下了一段评价。"臣光曰:从衡之说虽反覆百端,然大要合从者,六国之利也。昔先王建万国,亲诸侯,使之朝聘以相交,飨宴以相乐,会盟以相结者,无他,欲其同心勠力以保国家也。向使六国能以信义相亲,则秦虽强暴,安得而亡之哉,夫三晋者,齐、楚之藩蔽,齐、楚者,三晋之根柢;形势相资,表里相依,故以三晋而攻齐、楚,自绝其根柢也;以齐、楚而攻三晋,自撤其藩蔽也,安有撤其藩蔽以媚盗,曰'盗将爱我而不攻',岂不悖哉。"司马光从政治局势上点出六国之间相互攻击的状态,最后一起走向灭亡,便宜了秦,这就是山东六国跟秦之间的关系。当然他说的这段话,也都是立于宋朝的这样一个历史的基础之上。

秦始皇在位十三年后,公元前 210 年,秦始皇薨,这就涉及谁即位的问题。《资治通鉴》里面也有比较详细的记载(当然它的记载也是来自于《史记》等书)。赵高说服了李斯,要把小儿子胡亥立为国君。李斯本来不答应他,赵高说服李斯时说,你的"材能、谋虑、功高、无怨、长子信之,此五者皆孰与蒙恬?"蒙恬是当时太子扶苏的亲信,也是太子扶苏的老师。赵高说,你跟蒙恬比起来,太子更亲近谁?李斯答,肯定是蒙恬呐。赵高又说,如果太子扶苏即位了,肯定用蒙恬为丞相,你可能就得回家了,而胡亥慈人笃厚,可以为嗣,愿君审计而定之。他威逼利诱了当时的丞相李斯,李斯也趋于一己之暂时之利,相与为谋,伪造了秦始皇帝的诏书,立胡亥为太子,这下不仅断送了自己的未来,也断送了两年后的秦朝。

所以贾谊《过秦论》里面有这样的说法,当年的秦始皇一扫天下,何其雄哉。"奋六世之余烈,振长策而御宇内,吞二周而亡诸侯,履至尊而制六合,执敲扑而鞭笞天下,威振四海。……天下已定,始皇之心,自以为关中之固,金城千里,子孙帝王万世之业也。"结果不旋踵而亡,十五年后,"一夫作难而七庙隳,身死人手,为天下笑者,何也?仁义不施而攻守之势异也。"这里面用的"仁义不施而攻守之势异也"就是儒家对于法家运用到极致的秦朝的一个抨击。

用阎步克先生现代政治学的一个视角去观照的话,对于秦的兴衰,我们今天可以有不一样的看法,它不只在于仁义。"秦之胜在于官僚制度的建立。政治行政之中所体现出来的秩序和强权,一个巨大的官僚机器高度精密可靠的运转,本身就被视为最高目的。在这种秩序崇拜和权力哲学中,吏员不过就是齿轮与螺丝钉,民众就是力役和赋税:他们只在数量和功能上有意义。”而这个官僚机器,每当运转不了的时候就会重新进行调整。这个调整就是毁掉王朝而重新组合新的基本盘,从而达到让制度重新运转的目的。这个制度在两千多年运作下成为一个稳定的结构,在秦以后没有任何一个王朝能够稳定地存在三百年,每到两百多年的时候,甚至更短的时间,就一定会洗牌,这是这个制度本身的需要。所以商鞅的制度达到了一种片面的深刻,而这种片面性很可能既是此后秦帝国成功的重要原因,也是其失败的重要原因,甚至我们可以说它既是所有王朝成功的重要原因,也是所有王朝失败的重要原因。因为制度活起来了,它由为人服务到自己本身自创目的,人成为庞大制度的奴隶,行政专业化成为人的异化。这既是社会对于人力资源的整合,也是人作为社会之中仅仅是能量块的一种悲哀。

当这一切纷纷落幕之后,我们想起了明代大才子杨慎所写的对于历史的这样的一个评弹词,其中有一首最有名的《临江仙》:“滚滚长江东逝水,浪花淘尽英雄”,它也被作为《三国演义》的定场词。实际上他的这套弹词有很多首,其中有一首放在这样的一个时代就恰如其分,我们就以它作为这一讲的结束:道德三皇五帝,功名夏后商周。五霸七雄到春秋,秦汉兴亡过手。青史几行名姓,北邙无数荒丘。前人耕种后人收,说甚龙争虎斗(《西江月》)。或许这些多少从前事都付笑谈中正是我们历史智慧之所在。

走进汉朝

汉朝是中国历史上一个承前启后的朝代，是一个统一多民族国家，同时，汉朝也是我们汉民族文化形成和发展的一个非常重要的历史时期。

一、汉并天下

秦王朝是一个短命的王朝，在历史上，论及秦灭亡的原因，可以归结为两个字——暴政。秦的暴政其实主要表现在三个方面：第一个方面就是“头会箕敛”，秦国有着非常沉重的徭役和赋税。《史记》中就曾经记载在数十年中，秦朝北有长城之役，南有五岭之戍，“外内骚动，百姓罢敝，头会箕敛，以供军费。”这里所谓头会箕敛，其实就是人头税。第二个方面是修建长城、征伐南方越等少数民族，耗费了大量的人力和物力。秦结束了数百年春秋战国的分裂局面，百姓期望统一后的安定生活。这样沉重的徭役赋税，压得老百姓喘不上气来。另一方面，就是秦朝实行了严苛的刑法。李斯向秦始皇建议，以吏为师、以法为教，因为当时有儒生批评朝政，认为秦始皇应当效法古代君王。这时候李斯就提出了不同的见解，他认为并不需要效法先王，因为时代是不断变化的，而儒者天天借着古人来诽谤朝政。他向秦始皇提出以法为教、以吏为师的建议，并提议“有敢偶语《诗》《书》者弃市”。

秦朝是一个非常严厉的法制社会，以法家思想治国。《睡虎地秦简》中，郡守腾曾讲到，“凡法律令者，以教道民”。法律就是为了教化民众。但是现在“法律令已具矣，而吏民莫用，乡俗淫失(泆)之民不止，是即法(废)主之明法殹(也)”。虽然说法律律令已经完备了，但是老百姓并没有实施。郡守命令当地的老百姓一定要遵守法律，让吏也要沿袭秦朝的法律。秦律里有很多非常严苛的刑法，比如说肉刑、斩左指、斩右指等等，这些沉重的刑罚加重了刚刚统一到秦国的秦民的不满。秦的关东政策为秦的安定埋下了隐患。秦律里曾经提到，如果邦客和主人斗，秦人如果打架伤到了邦客，只需要罚款赔布就可以了。而山东六国之民在法律上的地位和秦民是不同的，所以说这样的法律法令也使得山东六国之民不服于秦的统治，想要推翻秦的统治。原有的六国里面最想推翻秦国、从事反秦活动最多的可能就是楚国了。

当时流传这么一个说法：楚虽三户，亡秦必楚。“三户”的解释各有不同，有人说三户指的是楚就算是剩下几个人，灭亡秦的也一定是楚国人；有人说三户指的是当时项羽在北方渡黄河的渡口三户津；也有人说三户实际上指的是刘邦、陈胜、项羽这三户。刘邦是一个楚人，只不过因为他是汉的开国皇帝，我们往往会忽略他楚人的这层身份。

陈胜的故事大家都非常熟悉,特别是那句"燕雀安知鸿鹄之志哉",陈胜本来是为人佣耕,家里很穷,因为犯罪被罚戍守渔阳,遇雨失期,失期当斩。戍卒误了服役的时间,按照秦律当斩。有人对照张家山(汉简)《二年律令》里的说法,认为戍边失期本来就是骂一顿,罪不当斩,这是《史记》对于秦的污蔑。实际上陈胜的戍守和我们在《二年律令》中所见到的戍守还不一样,《二年律令》所涵盖的范围是普通的百姓,而陈胜是戴罪之身,他的戍守是对罪人的惩罚。他要去戍守的地方远在当时的北疆渔阳,也就是我们现在的北京地区,路途实在是太远了,而且道路不是特别畅通,又遇到了大雨,因此失期。这时陈胜振臂一呼,揭开了反秦的序幕,也建立了一个反秦的政权,名为张楚。马王堆帛书的《五星占》中有张楚的年号,说明汉朝时对于张楚政权的认可。陈胜喊出了"王侯将相宁有种乎"这么一句口号,揭开了山东六国各地的反秦以及复国运动的序幕。陈胜吴广的起义虽然最终被章邯镇压,但继之而起的项梁,他的侄子项羽,以及后来的刘邦都沉重打击了秦朝势力,最终项羽刘邦灭亡了秦朝。

灭秦之时发生了一系列我们熟悉的故事如:巨鹿之战、鸿门宴等。灭秦之后的项羽最为强大,他凭借着自己在军事上的优势,自称西楚霸王,分封了十八个诸侯王,进行复国。而刘邦本来是可以成为大家之主,却被封到了汉中地区,称之为汉王,这也正是汉朝国号"汉"的由来。项羽又在原来秦朝关中地区分封了三个王来监视刘邦。刘邦在离开咸阳,进入关中的时候还曾烧掉了栈道，以示不会再回去的决心，迷惑项羽。后来刘邦明修栈道暗度陈仓，一举灭掉了监视他的三个亲王并且与项羽展开了决战。这时的项羽却因为刚愎自用，不听众人劝告，只信一身武力，最终兵败，四面楚歌，最后自刎乌江，汉朝一统天下。

刘邦在建国之后，问诸将其为什么能够统一天下，为什么能够打败项羽。最后他自己给了一个总结，因为他能知人而用。虽然说他在很多方面能力不如其他人，但是他却能把这些人聚集在他的麾下。那么为什么他能够聚集这些人到他的麾下呢？原因很简单，刘邦许给他们高官厚禄。比如刘邦请韩信出兵相救，韩信当时在齐国，要求封其“齐假王”（齐的代理王），实际上是借机向刘邦邀功。刘邦一听勃然大怒，想要杀掉来使以回复韩信，但被张良劝下，最后，刘邦直接封韩信为齐王。他就是通过这种方式把人才聚集在自己的麾下。汉朝成立之初，分封了许多异姓诸侯王，这些异姓诸侯王的权力十分强大，有政治权、军权，甚至可以自己征纳赋税，他们其实就是一种分裂的势力。汉朝如果不解决这些问题，会发展成为第二个战国，所以汉的早期就是要解决这些异姓诸侯王的问题。我们看看这些异姓诸侯王最终的结局：韩王信逃亡匈奴，联合匈奴来进行反叛，虽然说打了刘邦一个措手不及，但是还是失败了，最后被吕后杖杀在长乐宫。梁王彭越以谋反罪被杀。

汉初刘邦就解决了异姓诸侯王，由于秦朝并没有实行分封制，刘邦就认为这是其灭亡的一个重要原因，所以汉初分封同姓诸侯并且定下了“白马之盟”：非刘姓不能称王，无功封侯，天下都要共同来讨伐。因此，汉初形成了郡国并行的局面。

汉初国力衰弱，这时候匈奴窥视中原王朝。冒顿单于率四十万骑将刘邦围在了平城（即现山西大同边的白登山）。危急之时，陈平献出一计，贿赂冒顿单于最爱的妃子。这个妃子吹了几天枕边风，冒顿单于便放了刘邦一马。刘邦总算逃出了匈奴的包围，捡回一条命。从白登之围可以看出，当时的汉朝是无力和匈奴开展大规模战争的，而汉匈之间的恩怨将会贯穿汉朝。

秦是一个拥有三万余户的大国，但是经过了几年的战乱，老百姓多亡匿，剩下能统计到的只有五千余户，可见战争的破坏是多么巨大，《史记》中说，“天下既定，民亡盖藏”，因此，“天子不能具钧驷，而将相或乘牛车”。天子想要找四匹毛色一样的马驾车都很难，而将相这样的高官都只能乘牛车了。此时汉朝对匈奴的策略，就是和亲，对内则是休养生息，罢兵归田。

刘邦曾经颁布“罢兵归田令”，士兵如果愿意留在关中地区的免赋税，并且授田；如果想要回老家的也同样授田，而且还要赐爵（以前爵位不到第五等级的大夫都要授给第五等级的爵，秦汉之际实行了论军功行赏的爵制，我们称之为二十等爵。第五等级的爵其实就是民爵的最高一级）。除了赐给士兵土地之外，作为一个高爵的民户，还可以役使低爵的民户保障他的耕地。此外汉朝还释放奴婢，在战争时期沦为奴婢的人都恢复自由之身，让他们成为国家的编户。这就是汉初的情况。

秦朝建立了一个统一多民族的国家，并以法令的形式推行了一系列加强统一的措施，但是为了防范关东地区，秦政府采取了一系列的压迫和奴役政策，尤其是繁重的徭役更激起了人民的不满，最终导致了陈胜吴广起义，以及后来的楚汉之争。刘邦凭借着众人之力击败项羽，建立了西汉王朝。西汉王朝建立之初，国内百废待兴，外有匈奴入侵，汉高祖最终采取了“与民休息”的政策，汉朝也就确立下来成为当时新兴的统一的大王朝。

二、吕后专政

汉高祖刘邦去世后太子刘盈继位，是为汉惠帝。汉惠帝仁厚，朝政逐渐为吕太后所把持。吕后是汉高祖刘邦的皇后。

刘邦还是一亭长的时候游手好闲，不务正业。吕后的父亲看到刘邦就认定他是奇人，便把女儿嫁给他。后来刘邦长期在外打仗，吕后在家里操持家业，带孩子，也可谓是历经了千辛万苦。刘邦统一天下，做了皇帝，吕后本以为可以享受几天好日子，但团聚后却发现刘邦早已有了新欢——戚夫人，就连她儿子刘盈的太子之位也受到了威胁，最终也是靠着“商山四皓”等人的支持，稳固了太子之位。

刘盈继位后，吕后便迫不及待地杀掉戚夫人，将她做成了人彘，而仁厚的汉惠帝看到了之后竟然被吓出一身病来，不久就命绝而亡了。所以汉高祖刘邦去世后一直到文景之前，主要是吕后专政的时期。

吕后专政时期做的第一件事情就是分封她的娘家人，即我们后来所熟知的“大封诸吕”。控制中央军队的北军南军的吕禄、吕产都是吕后的亲戚。当时齐王说要诛“诸吕”，发布一条诏书,“高后用事,春秋高,听诸吕,擅废帝更立,又比杀三赵王,灭梁、赵、燕以王诸吕,分齐为四”。说得直接一点就是吕后欺负刘氏,重用吕氏一族。当时诸吕的乱政引起了刘氏的不满,而吕后一死,“诸吕”势力就被陈平、周勃等主要将领联合起来铲除。

吕后一朝依然延续了汉高祖刘邦以来的休养生息政策,所以《史记》对吕后的评价也是非常之高:“高后女主称制,政不出房户,天下晏然。刑罚罕用,罪人是稀,民务稼穑,衣食滋殖。”这是对吕后为政的非常高的肯定。

吕后当政的时候还面临着南北之患。在北边,匈奴为患。冒顿单于曾经寄过一封书信羞辱吕后,吕后看了勃然大怒,想要征讨匈奴。众将劝她说,以高帝贤武,然尚困于平城(白登之围)。高后乃止,复与匈奴和亲。南方则是另外一股势力。楚汉相争之际,南海尉赵佗,建立了南越国,自己当了皇帝。现在广州能够见到一个博物馆,叫南越王墓博物馆,是赵佗南越国的第二任国王文帝赵眜的墓。南越国刚刚建立的时候听服于刘邦,刘邦也没有征讨它。刘邦去世后,南越王赵佗说高后不公平,把南越视为蛮夷,隔绝他,认为这一定是长沙王的计谋,所以屡屡骚扰长沙。这就是吕后时期的南北之患。

吕后专政时间不长,但是在这一时期有非常重要的文物出土,其中便有《张家山汉简》。《张家山汉简》包括了诸如《二年律令》《奏谳书》等各类文书,是我们研究汉初至于秦代社会的非常重要的文献资料,我们从中也能看到吕后的时期政治政策。

从整体的法律政治制度而言,汉初政策可以用四个字来概括，汉承秦制。秦的很多的法律法规在汉朝得以延续，比如《二年律令·田律》里面讲到，每年五月望之前，每个县要把垦田数上报到中央，并计算户数的平均数。同样的法律律令《里耶秦简》中也能够见得到。《里耶秦简》中就讲到“律曰：已垦田，辄上其数及户数，户婴之”。我们对比两条律令发现内容几乎是一样的。

这里我们对吕后的政治做一个总结：吕后时期大封诸吕引起了权臣的不满，最终诸吕在吕后去世后被剿，灭诸吕后，当政者依然秉承高祖与民休息等一系列的政策。汉朝在这一时期继续恢复和发展。

三、文景之治

诸吕势力被粉碎之后，周勃联合陈平，将代王刘恒迎进长安，是为汉文帝。汉文帝去世后，其子刘启继位，是为汉景帝，从而开启了“文景之治”的序幕。

文景时期，从政的主要观念就是无为而治，奉行黄老学。“无为”并不是说什么事都不做，而是以无为而达到无不为的状态。我们在《马王堆帛书》中能够看到一些关于黄老学说的文献，其中就有“天德皇皇，非刑不行”说。在无为的同时也要用刑，只不过不需要去过多地干预。这种无为而治，成为整个汉初的一种为政理念。

文景之治以宽刑务农著称。宽刑则表现在文帝之时废除了诽谤妖言之罪和部分的肉刑。文帝说，诽谤妖言之罪实在是太过了，普通老百姓懂什么，不要跟他们一般见识，如果偶然说错话就要沦为囚徒是不是太过分了呢？所以就废除了这一刑法。废除肉刑也是为了给老百姓一个改过自新的机会。

景帝时期，基本上延续了文帝时期的为政方式，其间发生了一件特别重要的历史事件：平定七国之乱。七国之乱还要从汉景帝小时候讲起，当时汉景帝还是太子，吴王（刘濞）来长安朝见天子，把自己的吴太子也带来了，两个小孩在一起玩博戏（我们现在能够看得到的博局是马王堆汉墓里出土的，其实就是类似于我们现在投骰子玩的一种游戏），结果两人发生了争执，皇太子也就是后来的汉景帝刘启竟然抡起棋盘将吴太子给打死了，吴和汉因此产生了嫌隙。吴王自此之后就诈病不朝，实际上这也是吴对中央王朝的一种态度，这也为以后吴国联合其他六国发动叛乱埋下了伏笔。

文景时期诸侯国问题已经非常严重，汉高祖时期为了巩固自己的统治，分封了大量的同姓诸侯王，吕后时期分封了诸吕为王，虽然诸吕被灭，但诸侯王的势力实在是大，形成了分裂势力。自汉文帝到汉景帝以来，诸如贾谊、晁错等重臣都向皇帝提出过进行削弱诸侯国的一些建议。汉景帝时，晁错就曾经对汉景帝说，现在的诸侯王实力实在是太大，汉文帝不与他们计较，本来是让他们改过自新，结果他们日益骄奢，并且垄断财政，自己铸钱。这些诸侯王实际上已经是一股反叛的势力，削亦反，不削亦反。汉景帝听从晁错的建议，削弱诸国。他刚刚下令削藩，吴国就联合了其他诸国一起发动了叛乱，只不过这次叛乱在短短的三个月内就被平定。平定七国之乱为后来汉武帝时期彻底解决诸侯国问题奠定了基础。

文景时期基本延续了汉初以来与民休息、无为而治的政治姿态，并开创了文景之世，但这一时期诸侯王问题日益严重，文景二帝均采取了一定的打击诸侯王的政策。经过汉初的发展和文景时期的休养生息，汉朝终于迎来一个不一样的帝王——汉武帝。汉初的休养生息政策让汉朝逐渐从秦末的战火中恢复过来，并且积聚了大量的财富，且人才辈出，加之国力雄厚，汉武帝就有了足够的力量去实现之前几代帝王所不能实现的梦想，解决他们所不能解决的问题。

四、汉武雄风

汉景帝平定七国之乱后，当时的诸侯还是有很大的权力。诸侯王实际上和中央的朝廷是一样的，他们有自己的官制和军队，甚至能够占山泽，私自铸钱。这些诸侯国对于中央王朝而言是非常大的隐患。主父偃向汉武帝提出，诸侯国如果强大了容易反叛，但如果像当年晁错一样削得太急，也容易反叛。怎么样来解决诸侯王问题呢？主父偃提的建议就是“推恩令”。

诸侯国国君死后要由诸侯国的太子来继位，而太子的人选首先是嫡长子。其他的儿子只能是和庶民一样继承一个爵位，爵位要降好几级，跟王的待遇差别很大，而且往往没有自己的封地，只能作为一个贵族。主父偃提出的推恩令就是要把恩泽推及给这些不能够继承王位的人。他提出，既然大家都是刘姓之后，凭什么只有嫡长子能够继承诸侯王位，而其他人就没有分封的地呢？现在是要一视同仁，大家都有爵位。只不过他将原来诸侯国的一部分拿出来分封给其他的庶子，但是这些庶子就不是王而是侯，而列侯则要纳入到州郡的管辖之下。这种政策把诸侯国给割小了，最后无力和中央政府抗争。

接着汉武帝又颁布了“附益法”和“左官律”，附益法就是说诸侯王只能“衣食租税”不能参与政事。“左官律”则是将诸侯国的官员都定为左官，因为在汉朝左是地位低下的，实际上就示以歧视。最后又通过借口他们上供或者是祭祀用的金子成色不足，又夺取了数百个侯的爵位，到了汉武帝时期诸侯国的问题基本上解决了。这也加强了汉朝的中央集权。

那么郡县在汉朝是什么样的呢？大量出土文物能够让我们一窥汉代郡县的样貌。《尹湾汉简》中的《集簿》就统计了某个郡的田土、户口的多少等等。《集簿》实际上是“上计（制度）”之用，每年考核官员的时候官员要带着自己的政绩到中央接受考核，然后中央会根据官员的功绩，对其实行奖惩。通过《集簿》可以发现，中原王朝对于州郡的数据掌握得非常详细。

汉武帝还解决了丞相问题。秦朝以来设置了丞相，丞相的地位特别高。汉景帝的时候，窦太后说：“皇后兄王信可侯也。”说这个人可以封为侯，但是景帝却说需要提前和丞相商量一下。当时的丞相周亚夫把“白马之盟”搬了出来：“高皇帝曰：‘非刘氏不得王，非有功不得侯。不如约，天下共击之！’今信虽皇后兄，无功，侯之，非约也。”丞相不同意，汉景帝一代帝王听后竟然十分失落，甚至有点想哭。可以看得出来丞相的权力很大，他可以直接干涉决策。汉武帝时期有一个丞相叫田蚡，田蚡在选官的时候先把自己想要选拔的官员列一遍，汉武帝对他说，你都列完了吗？你列完了，我可不可以列了呀？如此强大的相权实际上已是对王权的威胁。汉武帝在这一时期为了加强自己的皇权，削弱相权，重用自己身边的一些小臣，将位置不高的官员留在自己身边，给予他们比较大的权力，和他们商讨国事，具体的执行交给外朝。这就是我们后来所说的内外朝的制度。内朝如侍中、尚书等机构是负责决策，而外朝的丞相则是执行。这就削弱了丞相参政和议政的权力，也就削弱了相权。汉武帝时期的几任宰相大都死于非命，也说明这一时期汉武帝皇权强大。

汉武帝时期不再像汉初那样，对于少数民族还采取和亲、容忍的政策，而是喊出了这样一句口号：犯我强汉者虽远必诛。南北东西无一不打，汉朝所控制的疆域也急剧扩大。向北，卫青、霍去病几次出征匈奴。霍去病封狼居胥，灭掉了匈奴的主力，匈奴从此一蹶不振。李广利西征大宛，同样也是为了打击匈奴，同时征服西域诸国，并在西域屯田，建立了对西域的控制。向东，汉武帝征伐朝鲜，设置了玄菟、乐浪等郡。现在还能见到汉武帝时期乐浪郡的文书，朝鲜平壤附近曾经出土了《乐浪郡集簿》，可以清楚地看到当时汉对于朝鲜的征服以及控制。在朝鲜还出土过《论语》，也说明汉文化在整个东亚大陆的传播。向南，灭掉了在吕后时期一直骚扰长沙的南越国。除此之外，我们在博物馆中还能见到"滇王之印"，滇国在西南地区，同样也是被汉武帝所灭掉。汉武帝时期可谓军功累累，"犯我强汉，虽远必诛"的口号，喊出了汉朝的威仪，喊出了汉朝的气势。

汉初实行的是黄老政治，无为而无不治，是一种比较宽松的方式,对于臣民的控制较弱。汉武帝刚刚即位不久就采纳了董仲舒的建议,罢黜百家,独尊儒术(史书中记载的是,罢黜百家表章六经,重用儒生)。当时有一个非常有名的儒者叫公孙弘,因为研究儒家经典,从一个普通的平民,竟然做到了三公的位置,由此当时学子纷纷研习儒家的经典。汉武帝时期设置太学,所用教科书也都是儒家的经典。这些学生学成之后则可以入官,这就是"罢黜百家,表章六经"。为什么要重用儒家呢?是因为儒家不像法家那样太过严苛,也不像黄老之术管理宽松。儒家宽紧适中,并且非常崇尚君权,强调君权和天命之间的关系,所以儒家在这一时期得到了汉武帝的重视。但是这时候的儒家也并不是孔子那时候的儒家,它实际上是一种治国之术。

在经济上,当时的诸侯国纷纷私自铸钱,汉武帝为了收归铸钱的权利,也为了筹备资金,实行"盐铁官卖"的政策,并且下令铸造五铢钱。五铢钱与之前的三铢钱不一样,它轻重合适,而且做工非常好,仿造非常难,在这种情况下五铢钱得以大量推广,我们现在也能够见到大量的五铢钱。五铢钱的铸币之权也收归中央,地方无权铸币。汉武帝还重用当时的一些大商人让他们帮助自己理财,垄断盐、铁等重要物资,把它们收为官营。汉武帝时期的国库日益丰盈,为他进行大规模战争提供了经济上的基础。

汉朝国力强盛,汉武帝一生也是战果累累。但是到了晚年,汉武帝却经常猜忌、喜怒无常,以至于发生了一场悲剧——巫蛊之祸。巫蛊是一种巫术,把要诅咒的人做成一个木偶,上面写上一些诅咒的话,把它施加诅咒埋入地下,以达到诅咒的目的。当时就是因为这样的巫术,引起了汉武帝晚期的大动荡。《汉书》记载,当时有一个佞臣叫江充,在太子宫中发掘出来一些巫蛊之物,污蔑皇太子用巫蛊之术诅咒皇上。太子和皇后百口莫辩,想要杀掉江充,结果和丞相发生了大战,最后皇后、太子自杀。当汉武帝回过神来的时候,事情已经不可挽回,纵然杀掉了江充,丞相刘屈氂因为和李广利谋反一事也被腰斩于市,但整个事件却能够体现出汉武帝晚年的状态。

汉武帝时期采取了一系列措施巩固汉王朝的统治:平定诸侯国、限制丞相的权力、加强皇权,以及一系列安边战争,特别是在对匈奴的战争中取得了重大的胜利。在思想上汉武帝重用儒生;经济上统一货币,盐铁专卖;而且伴随着汉武帝对外扩张汉文化向外输出。

虽然在汉武帝晚年政治发生了动荡,但之后汉朝还是迎来了一小段中兴(昭宣中兴)。汉武帝晚年立刘弗陵为太子,为防止太后专权,杀死其母钩弋夫人。年仅八岁的刘弗陵继位,是为汉昭帝。因为皇帝太年小,汉武帝下令由金日磾、霍光、桑弘羊辅政。汉昭帝二十一岁因病驾崩后刘贺为帝,但迅速被霍光废掉,改立汉武帝时期太子刘据之孙刘询为帝,是为后来的汉宣帝。

宣帝时期出现了一个非常重要的家族——霍家,也就是霍去病一族。霍光是霍去病的弟弟,因为霍去病的军功战功,霍光也受到了重用,并且成为顾命的大臣。金日磾身份是匈奴王的后人,这也说明伴随着汉与匈奴之间的战争,大量的匈奴归附,汉匈之间也在进行着民族融合,匈奴人也可以成为顾命大臣。

霍光当政时期，班固在《汉书》中曾经这样评价霍光：“霍光……因权制敌，以成其忠。处废置之际，临大节而不可夺，遂匡国家，安社稷。”霍光辅政让我们想到了周公辅成王的事情，据说当年汉武帝在病中的时候就将霍光叫到身边，并拿给他一幅画，这幅画就是周公辅成王。现在在汉画像石《武梁祠》中也能见到周公辅成王的故事。霍光辅政时期召开了一个非常重要的会议——盐铁会议。盐铁会议实际上是对汉武帝时期一系列政策的回顾和总结。在这一时期的霍光权力非常之大。

汉昭帝在位不久便去世了，继之而立的是海昏侯刘贺，刘贺在位没有几天就被废掉。据说在位时间不长却犯下了诸多罪行，霍光实在忍不了才去找太后，具陈昌邑王不可继承宗庙状，废掉了刘贺，刘贺也从昌邑王变成了海昏侯，而另立当年戾太子之后，是为汉宣帝。现在在南昌附近发现了海昏侯刘贺墓，成为近几年来我们非常关注的考古发掘，其中发现了大量金器如金饼、马蹄金，说明被废的海昏侯刘贺占据了大量的财富，还发现了一个绘有孔子画像的镜框以及已经失传的齐《论语》。有人说这么看刘贺也不是霍光说的那么不堪。我们现在很难把握历史的真实或者是说还原它的本真，但是考古发现为我们了解刘贺提供了证据。

霍光死后霍氏一族不久便被铲除，昭宣时期社会经济得以继续恢复和发展，景象一片繁荣，所以我们又把它称之为昭宣中兴。

五、汉祚将衰

昭宣之后汉元帝刘奭继位。虽然这一时期的社会经济依然有所发展,对匈奴也保持强势的地位,但是汉元帝之后汉王朝开始走向了衰落。元帝、成帝、哀帝期间,外戚王氏的势力逐渐强大,到了汉平帝时期朝政被外戚王莽所把持。王莽最终取汉而代之,是为新朝。

汉元帝时期,汉朝开始走向了下坡路,同时匈奴在汉武帝和昭宣帝的接连打击下也走向了衰落。这一时期汉朝依然对匈奴保持了非常强势的地位。汉元帝时期发生了一件非常重要的历史事件——昭君出塞。汉元帝时期匈奴的呼韩邪单于来朝,他对汉朝非常尊敬而且来朝贺。正是因为汉匈之间关系的缓和,当时的汉元帝把国号改为了“竟宁”,并将当时掖幽庭的王嫱,即我们所熟悉的昭君嫁给了呼韩邪单于。昭君出塞实际上是匈奴对汉朝臣服的一个表现。从此之后,汉匈之间多年来维持了相对稳定的状况。汉元帝之后成帝、哀帝相继即位,成帝比较昏庸,他在位时期宠幸赵飞燕。外戚的势力也在这时候逐渐强大起来,王莽最后篡夺了政权。

王莽早年表现得非常谦恭,博得了大家的一致好评,但是他当了皇帝之后进行了一系列的改革,将本来已经混乱的朝政越改越乱。他实行的一系列改革其实都是他附会于古制进行的,改革内容也非常混乱,比如改革币制几天就换一种样式,最终百姓不用王莽钱,而是用五铢钱。王莽对于周边的臣服的少数民族政权采取了一种鄙视贬低的姿态，他将匈奴单于更名为降奴单于，而且还专门颁布了诏书。从简牍中，除了降奴之外还看到贡奴、恭奴等具有歧视性的名称。这种做法使得匈奴大怒，匈奴和中原王朝的关系也日趋紧张。社会民不聊生，政治上越改越乱，王莽的新政自然得不到大家的支持。

这一阶段汉祚将衰，汉宣帝之后，继之而起的元帝、成帝、哀帝等等，他们对匈奴还保持了一定的强势，但是汉朝已经走向了衰落，朝局混乱、民不聊生，而王莽的改革加重了这种混乱，最终王莽所建立的新朝也马上就要被推翻。

六、炎汉再兴

王莽继位之后社会陷入混乱，引发绿林赤眉大起义，其中刘秀扫除了各方势力，再次统一汉朝，而这时的汉朝已不再是我们之前所讲的西汉，而是东汉。刘秀成为东汉的开国皇帝光武帝，并采取了一系列的措施恢复经济。

刘秀少有大志，他曾经说，仕宦当作执金吾，娶妻当得阴丽华，用现在的话说，一定要当上霸道总裁，迎娶白富美。大执金吾是军队的将领，掌控着非常高的军权；阴丽华在当时是一个非常著名的美女。当然刘秀当的官可比执金吾要更大，他当上了皇帝，而最终也是娶得了阴丽华作为自己的皇后。这一时期，图谶发达，所谓图谶和经书有关系，因为经书的经字指示南北，而纬书是经书的一种解释，经纬其实就是方向不一样。谶纬是在当时流行的一种类似于神秘预言的文化。东汉王朝也数次用官方的形式来发布图谶，将图谶作为自己的一种统治手段。《后汉书》中曾经记载宛人李通等以图谶说光武帝云“刘氏复起李氏为辅”。

汉朝再次统一之后，汉朝的控制力也依然非常强大，现在所见到的居延地区河西走廊，依然在东汉的控制之下，经济也再次恢复，相对于西汉末期和新朝，东汉可谓是汉祚，我们管这叫炎汉再兴。

光武帝刘秀之后，汉明帝、汉章帝相继即位，由于常年战争，汉朝对于西域的控制有所减弱，这时候就发生了班超经营西域的故事。班超的兄长就是《汉书》的作者班固，他们的父亲班彪也是著名的史学家。而班超不屑为刀笔吏，他认为从军才能做出大事业，毅然决然地接受了出使西域的任务。

班超来到了西域的鄯善，鄯善国王一开始对班超特别尊敬，但没过几天态度就大变。班超分析说，肯定是北匈奴也有使者来了，鄯善国王想要投靠匈奴，所以对我们态度有所转变，于是班超非常果断地杀掉了北匈奴的使者，展示了汉朝的武力，鄯善也由此非常仰慕汉朝，归顺汉朝。班超在西域经营多年，到了汉明帝晚期，西域再次发生动荡，班超主动留下控制西域的局势，到他年老才回到了中原。在南疆一个叫精绝的小国发现了一方非常精美的小印叫“司禾府印”，司禾府实际上就是管理屯田的一个机构。所以说班超经营西域，维护了汉对西域的控制。

汉和帝时期，外戚势力已经非常强大，有个著名的外戚叫窦宪。当时的匈奴已经分裂为北匈奴和南匈奴，南匈奴臣服于汉朝，而北匈奴则迁居漠北，不时地南下骚扰，因此南匈奴请兵北伐,窦宪被拜为车骑将军,统帅着大军向北匈奴进发,一路打到了燕然山,班超的哥哥班固也跟着军队一起出征,窦宪让班固写了一篇铭文刻在了燕然山上,这就是“燕然勒石”。这篇铭文实际上展示了汉朝对于匈奴的强势地位,而这时候的匈奴早已分裂,已经不再像汉初那样强大,“勒石燕然”也成为汉对匈奴军事胜利的一个非常重要的代名词。

总结这一时期我们可以发现,王莽继汉之后社会陷入了混乱,最终引起了绿林赤眉大起义,刘秀扫除各方势力后再度统一了汉朝,是为光武帝。光武帝采取了一系列恢复经济的措施并且释放奴婢、减少刑法迎来了“光武中兴”。光武帝后汉明帝、汉章帝相继即位,政治文化进一步发展。明、章时期班超经营西域,加强了对西域的管控。汉和帝的时候窦宪在对匈奴的战争中取得了重大胜利,勒石燕然,然而之后的东汉又再一次陷入了乱局。

七、东汉乱局

汉和帝时期的窦宪虽然勒石燕然,军功累累,但是他却有着外戚的身份。这时候外戚秉政已经成为一个非常大的问题。

东汉乱局第一个表现就是豪强地主的兴起,四川出土的汉画像石中描绘了一个豪强地主的庄园,从正门进去有一个非常大的院子,院子里面养着各种各样的珍禽异兽,而院主人坐在非常宽敞的房屋中怡然自乐。他的对面有个非常大的后院,身后有一个高高的塔状的望楼,望楼起到了军事防御的作用,在望楼后建有厨房，还有养鸡、养牛等畜业，甚至还有手工业等等。和林格尔东汉壁画墓里面的庄园图也反映了豪强地主的生活图景。豪强地主纷纷兼并土地，形成了一个个大的庄园。这些庄园兼具居住和军事防御功能，俨然就是一个小国，有自己独立的经济循环体，一切都能自足。此外东汉的很多豪强地主中都建有陶楼，这些陶楼就是粮仓，体现当时豪强地主的势力强大。三国时期很多名将实际上都是豪强之后。

世家大族在这一时期发展壮大。例如著名的历史人物袁绍，史书中说袁绍是四世三公，从袁安一直到袁京、袁汤累世公卿。这样的累世公卿大多是借由着经学传承发展起来。他们专注于某一部经书，做学问做得非常好，有些人借故来拜师，形成门生，这就结成了很深的政治关系。地方高官大多能够自辟掾吏，成为提拔新官员的故吏，也与之前举荐者形成了极强的政治关系网，这造成了东汉后期党争的出现。

这一时期最为关键的问题还是外戚和宦官轮流秉政。当时的外戚跋扈，比如上文提到的窦氏，还有如冲帝时期的梁氏。冲帝去世后，梁毅立质帝，质帝少而聪慧，竟然指着梁毅说他是跋扈将军，不久质帝被鸩杀，再立新的皇帝，可见皇帝的废立已经掌握在了外戚的手中。新立的皇帝在长大之后，凭借着宦官的权力灭掉外戚，如我们后来所见的桓灵之际的十常侍等等，因此宦官得到了重用，而新帝再立，外戚又再度当权，这样整个东汉末年就形成了这么一种恶性循环。加上老百姓流离失所，民不聊生，最终引发了黄巾起义，各方豪强纷纷起兵，最终将汉王朝拖向了末路。汉王朝最后分为三国，开始了另一段历史征途。

汉朝四百年在乱局之下走向了终结,之后就是我们所熟悉的三国两晋南北朝的历史。大家想要了解这段历史想要知道其中更多的故事,可以根据《资治通鉴》结合着《史记》《汉书》和《后汉书》的记载了解这段史事。

三国两晋南北朝的兴衰

三国两晋南北朝可以用一个字概括——“乱”。如果看年代表的话就会发现,这个时间段政权像走马灯一样,东汉到了公元220年,结束了,之后是曹丕篡汉,三分鼎立。公元280年,西晋一统天下,但这次统一是非常短促的,仅三十六年。从东晋建立到隋王朝统一,中间又经过了很长一段时间。从316年到589年,中国进入到大分裂的时间段,历史学家称之为“大分裂时期”,先是东晋和十六国的并立,之后出现了南北朝。

一、群雄割据

《三国演义》有一句话“分久必合,合久必分”,这句话是对一种现象的描述。从魏晋到隋统一之前,中国陷入了大分裂。可是事物是辩证的,辩证矛盾催生了历史的前进。在分裂之中又孕育了统一的因素,分和合是辩证矛盾,历史从治到乱,又从乱到治,社会才趋于前进,这也就是这个时间段的历史逻辑了。

从宏观的态度看这一段历史,可以分两个阶段,第一个就是从治到乱，从东汉一直到陷入到魏晋大分裂乱局的历史情境；第二个阶段就是从乱到治，乱到了顶峰之后逐渐恢复到正轨，最终迎来隋朝的统一。从南北朝一直到隋文帝一统天下，这两个趋势有前后的历史特征，也是辩证矛盾的体现。

治乱兴衰是《资治通鉴》探讨的一个重要话题，“鉴于往事，有资于治道”，司马光就要给当时神宗皇帝等最高统治者提供历史教训，所以“从治到乱”开始说起，历史是怎么乱起来的，这是很重要的教训来源。

东汉晚期群雄逐鹿、群雄割据，政治相当黑暗。清朝历史学家赵翼提到过东汉的皇帝比西汉的短寿。这种情况下幼主登基大权就落入到后党手中，进而形成了一个“外戚”集团，而皇帝年长之后又不满足于受控于外戚的傀儡局面，进而利用身边的宦官打击外戚，于是宦官和外戚的争权，就形成东汉历史上一个乱局。除了统治集团内部的斗争之外，东汉还有着非常严重的历史矛盾，这个时间段土地兼并异常严重，大地主田连阡陌，而贫者无立锥之地，阶级矛盾日益尖锐，天灾和人祸的来临，加剧了当时的阶级矛盾和社会矛盾，最终酿成公元 184 年的黄巾起义。

《三国演义》开篇就是“桃园结义”，桃园结义的目的就是打击黄巾，而黄巾起义就是农民起义，这次起义对当时的社会政权，以及东汉的秩序带来了巨大的破坏。镇压农民起义的过程中崛起了一群人物，比如刘备、公孙瓒、孙坚等等，他们活跃在东汉后期的政治舞台上。而这个时候，地方豪强不仅掌握着土地、兵权，而且还掌握着一系列的文化资源。当时地方豪强就有了一个很重要的名称——士族。“世族”一词与之读音相同，但意义有区别。“士族”是说他们历代都掌控着学术资源，成为士大夫，还是从家学的角度强调的。而“世族”强调累世公卿，按今天的说法，叫官二代、富二代、官N代、富N代，它们的侧重点不同，但甭管怎么样，这两个词应当是有交集的。

地方势力在膨胀，而中央政府愈发腐败，于是东汉晚期就发生了一件事——董卓进京。《三国演义》中桃园结义是作者虚构的，但是董卓进京的确是真的。其实黄巾起义之后，东汉政府非常疲软，甚至镇压起义只能依靠着豪强地主的力量。中平六年(189)，大将军何进和司隶校尉袁绍要诛杀十常侍，也就是诛杀宦官集团，但是何进是一个很无脑的人，他低估了十常侍的力量，最后被十常侍斩杀。随后董卓就奉命进入京城，讨伐十常侍，他不仅诛杀十常侍，而且废掉了汉少帝，立刘协为帝，专断朝政。

汉献帝初平元年(190)，袁绍联合关东军阀讨伐董卓。初平二年，董卓被孙坚击败，退守长安，司徒王允就用反间计，挑起吕布和董卓之间的矛盾。公元192年，董卓为亲信吕布所杀。

《三国演义》里有一个吕布戏貂蝉的故事，但貂蝉是历史上没记载的人物，是作者虚构的。《三国志》中记载董卓和吕布的确是因为一个歌女产生了矛盾，除了这个矛盾之外，也许有权力上的争端，总之统治集团内部出现了巨大祸病。董卓之乱给东汉政权带来巨大的创伤。当时有一个著名的女诗人蔡文姬(蔡琰)，被乱兵俘虏到了匈奴，给匈奴左贤王生儿育女，后来被曹操赎回。蔡文姬写了著名的诗《悲愤诗》:“汉季失权柄，董卓乱天常。志欲图篡弑，先害诸贤良。逼迫迁旧邦，拥主以自强。海内兴义师，欲共讨不祥。”所谓“义师”就是袁绍率领的东方诸侯，“卓众来东下，金甲耀日光。平土人脆弱，来兵皆胡羌。”董卓带来的乱兵之中有胡兵，而东方人哪有这样的体格能抵抗他们呢。她说“猎野围城邑，所向悉破亡”，就在这样的背景下，生灵涂炭。大政治家、大诗人曹操写过著名的《蒿里行》，像这种古歌题都是送葬用的，曹操本身是军阀，杀人如麻，但是他自己都觉得这简直是人间地狱，“白骨露于野，千里无鸡鸣”。

战乱之下军阀拥兵自重，北方有袁绍、匈奴、曹操，南边有孙策、袁术、刘表，西南有张鲁、刘璋，西北有马腾等等，天下虽然还拥立着汉帝，可是早已经不是铁板一块了，军阀混战，生灵涂炭。这时谁能够安定民心，稳定生产，谁就能够推动历史的前进，这个人就是大名鼎鼎的曹操。

公元200年发生了一个著名的事件，官渡之战。这场战争中曹操和袁绍火并，而这个时候曹操的力量非常之弱，袁绍很强，但是袁绍拥兵自重，骄兵必败。袁绍的谋臣许攸投靠了曹操，据说曹操光着脚板迎这位先生，采纳他的建议，袭击袁绍的粮库，偷袭乌巢，使得袁绍大败，官渡之战成为中国历史上有名的以少胜多的战役，曹操统一了北方。

曹操统一北方之后，还想统一南方，拥有天下，可是这个时间段，统一的条件尚不成熟，于是就有了赤壁之战。赤壁之战就是《三国演义》之中最引人注目的画卷了。当时孙刘两家联合到了一起，但没有诸葛亮的借东风、舌战群儒，这些是文学虚构。虽然他的兵力很强大，但最终曹操没有打下南方。有学者说火攻是很重要的计策，而且曹操不习水战等，也有学者认为当时士兵中闹了大瘟疫，可能是血吸虫病，也有可能是伤寒、大流感，可无论如何，有一个原因历史工作者不能忽视，就是这个时候统一条件不成熟，地方割据的势力还没有被收拾，即便统一，都是形式上的统一。

赤壁之战之后就大体形成了三分鼎立的局面，虽然还称不上魏蜀吴，但是发展方向是很明确的。公元 220 年，曹丕篡汉；221 年刘备称帝，蜀昭烈帝；222 年，孙权称吴王。这时三分鼎立的局面已经形成了，真正进入三国时代。265 年，司马炎取代魏而称帝，也就是晋武帝，国号就是晋，史称西晋，定都洛阳，可是统一的时间段不长。316 年，西晋的晋愍帝司马邺被匈奴人刘曜所扶，司马邺成为傀儡，这时西晋政权宣告覆灭，天下进入到一片混乱，以上内容就是我们说的群雄割据。

群雄割据其实是东汉以来历史发展的必然。

二、世家大族

群雄割据有其背后的历史因素。

世家大族，世世代代掌握着学术资源、文化资源，是世代为官的名门望族。他们按照门第的高低，世代都担任很重要的官职，并且占有大量的经济资源，建立自己的庄园，而且他们不与中小地主（寒门地主）通婚，甚至坐不同席。他们有自己的一套文化语境，崇尚清谈，谈的是生死、有无、“六合之外”的话题。他们掌握着文化资源，而且还有为他们服务的制度——九品中正制。最初曹丕想利用这个制度把人事任免权收归中央，但是这个尝试失败了，最终还是为世家大族服务了。

到了东晋时期，已经真正形成门阀政治。门和阀两个字其实说的就是贵族府邸前的柱子。门阀就是指世族，门阀政治就是皇权与大族共治。在中国历史上这种情况是不多的，当时皇权必须让大族分得一杯羹，没有世族的许可，皇族不稳固。东汉与西晋基本上是儒家大族的舞台，走上历史的基本上就是大族。

曹魏时期略有不同，曹魏是曹操这一支，而曹操家出身于寒门，本姓夏侯，后来做了宦官曹腾的养子。他代表寒门地主的利益。因为寒门出身，他能够接触社会民生，所以他崇尚法家思想，而不是儒家，主张唯才是举。曹操拉拢了一大批原先不是他这阵营的人才，如孔融、陈琳等。曹操的主张非常开明，符合乱世的需求。这个时间段有一大批人热衷于清谈，许多大贵族也是清谈，谈宇宙生死、有无，今天看这些谈论无关社会的问题，可是在那个时候却是有实际内涵的，因为统治者世家大族，倡导的是儒家思想，而清谈的内容不属于儒家范畴，它是老庄思想。像阮籍、嵇康这些人流露出和儒家大族、司马氏政权的对立情绪，司马氏政权想拉拢他们，他们有时候格格不入，有时候和稀泥，于是统治集团内部产生了巨大的矛盾。这里就得提到曹魏，提到曹魏就得提到曹操。我们非常赞同鲁迅先生的说法，曹操很容易让人们就想到历史上的大白脸，在戏台上活跃的那个人物是个奸臣，实际上这不是真实，真实的曹操是一个很有本事的人，鲁迅先生说他至少是一个英雄，没有他，不知几人称王，几人称帝。这应当也是实事求是的情况。

司马氏政权就和曹魏政权不同,司马氏政权是很典型的儒家政权,可是它打着的是儒家政权旗号,实际上为了权力,打击异己、诛杀异己,它每个毛孔都充满着为自己服务的诡谋,统治者自身也意识到这一点。《世说新语》之中有段故事,东晋有一个大贵族王导,他是帝师,是仲父,没有王导就没有东晋政权。当时他要给东晋的明帝小皇帝讲讲司马氏政权创建的历史,他就讲宣王的历史,然后从司马懿说起,说他如何诛杀民族,打击异己,等到了司马昭也就是文王的时候,变本加厉,甚至曹魏的皇帝高贵乡公曹髦都死在了司马昭手里,可见多么血腥。说完这些,这个小皇帝很害怕。《世说新语》讲,“明帝闻之,覆面着床”。小皇帝盖着自己的脸,靠着床,他说“若如公言祚安得长”,如果您说的是真的,我们政权居然每个毛孔都充满着诡诈和血腥,那我们的国祚怎么能够长久呢?

司马睿跑到了南方,可南方地主不买账,后来王导之流出个主意,他们把皇帝扶上帝位。而司马氏政权的车驾和王氏并列,这时候南方地主才买账。原来皇帝还有这么大的威信,“王与马共天下”。据说司马睿原本拉着王导,同升御床,一同受贺,而王导推辞,晋元帝才没有勉强。司马睿对王导称“仲父”,王导对元帝、明帝、成帝都有重大的功勋,他为三朝重臣。而成帝给王导的信,用了好些让人今天觉得不可理解的话,比如说他用“惶恐言”“顿首言”“敬白”这些原本是下级给上级的语汇,甚至还亲临王导府邸,礼敬王导的夫人,而王导上朝,晋元帝都要起立相迎,可见王氏一家在东晋朝堂上的位置。历史学家田余庆先生的《东晋门阀政治》中对具有代表性的家族进行概括,王氏、庾氏、桓氏和谢氏。“王谢堂前燕”说的就是这个时间段，这个时期形成真正意义上的门阀政治，也就是说皇权和大族共治。这个时候皇权和大族势力达到某种平衡，几家大族也达到某种平衡，虽然当时也有争夺，比如长江上下游之争，但是长江上下游的关系又受到南北民族矛盾的制约。虽然东晋政权内部有矛盾，但是这个矛盾适可而止，这几家大族谁也没有超过谁，而跟皇权达到了某种平衡，并没达到决裂的地步。东晋王朝就在这种秩序下展开。

可是到了南北朝他们的关系就发生了一些变化，虽然还有原先门阀的余威，可是已经成为明日黄花了。《南史·王僧达传》记载，当时黄门侍郎即皇帝身边的臣子路琼之说：“身昔门下驺人路庆之者，是君何亲。”意思是，原先我们府邸有一个养马的人叫作路庆之，是你什么亲戚？路庆之是谁，是他爷爷。可见路琼之是多么的尴尬。等路琼之走了，王僧达索性把路琼之坐的床给烧掉了（古人没有凳子，坐的是床，直到隋唐以后凳子椅子才大量出现）。这个事就被太后知道了，太后和宋孝武帝说，我还活着，我们家人就被别人欺负，我死后我们家人还不得要饭去。而皇帝说：“琼之年少，无事诣王僧达门，见辱乃其宜耳。”意思是，谁让他去了，他去了自讨其辱活该，王僧达是贵公子，我能加罪吗？可见这个皇帝都已经窝囊到什么地步。

但这个时候南朝发生了许多转向。南朝建立的刘宋政权以及后边几个政权，当权者出身基本上没有世家贵胄了，多为寒门地主，它仰仗的是寒门势力。这时候皇权和大族产生剧烈矛盾，王僧达后来就被弄死，皇帝实在受不了他，世家大族也出现一定改变。

以上就是我们说的世族膨胀。世族在中国历史上产生了非常大的影响,一直持续到魏晋南北朝,最终画上句号那是隋唐科举制时代的事情了。

三、五胡建国

世族政治虽然是历史发展的必然,但这种制度也是非常腐败的,它腐败的同时造成了一系列矛盾,有社会矛盾,也有民族矛盾,于是"五胡建国"的话题就不得不提。

五胡指各种各样的少数民族。自东汉中叶以后,朝廷先后就招引或者说以强制的方式将边疆北方各族内迁,一方面是方便监控,另外一方面是为了给汉族带来更多劳动力。因此产生了民族矛盾和阶级矛盾,于是出现一个现象,"西北诸郡皆为戎居"。在西北有许多地区都是戎人的聚集地,胡汉屡生摩擦。到了晋朝,有一个很聪明的臣子江统,写了一篇很著名的文章叫《徙戎论》,说自东汉以来把戎迁徙到内地,带来了很多破坏,建议统治者别徙戎了,徙戎有可能带来更大的祸患。但是覆水难收,晋朝王室没有采纳江统的建议。当朝廷元气大伤之后,周边的胡族便趁机举兵,造成了西晋政权的灭亡。这都是历史的定局,有时候政策的制定没有那么容易,也没有什么万全之策,只能是两害相权取其轻。

公元304年,匈奴人刘渊称帝,其实无论刘渊也罢,后来的刘聪、刘曜也罢,他们都曾和汉家天下联姻过。汉初的和亲政策使得汉家的宫女乃至公主嫁到了匈奴王庭，所以匈奴贵族自认为身上流着刘汉的血液。他们认为司马氏政权能代魏，曹魏能代汉，而他们身上有很深的汉民族的属性，也可以取代汉族政权。

分裂过程中孕育着统一的因素。刘渊称帝，建国号“汉”，广大北方少数民族地区就进入到中原，建立政权，开始了群雄逐鹿的历史舞台，史称“五胡十六国”。五胡为匈奴、鲜卑、羯、氐、羌，“十六国”是因为有一部书叫《十六国春秋》，其中提到十六国，今天看历史记载，也许不止十六国，有可能是十九国。这段时期政权如走马灯，直到公元439年，拓跋魏统一北方混乱才宣告结束了。这时候呈现的十六国，大体有成汉、两赵、三秦、四燕、五凉和夏，它们不是一个时间段登上历史舞台。

北方已经大分裂，而南方相对稳定。因为当时南方的经济面貌不如北方，但它相对稳定，而且有着长江天险，永嘉南渡也发生在这一时期。东晋统治者迁徙到了南方，维系着偏安一隅的朝廷。门阀大族虽然斗争不断，但没有决裂，也没有把东晋皇帝废掉，相当一个时期南方是处于平衡的状态，所以北方乱而南方却得到一定开发。

北方混乱情状，略可见于《晋书·石季龙载记上》。这个时候的正史出现了一个新的文体叫作载记，正统政权可称为本纪，可是这时候皇帝太多了，少数民族建立的政权不能称本纪，而称载记。后赵君王杀人如麻，当时太子詹事孙珍对侍中崔约说：“吾患目疾，何方疗之？”我眼睛难受，你有什么方子能够治呢？崔约说了一句玩笑话，“溺中则愈”，把尿灌你的眼里就好了，然后孙珍问这能治病吗？崔约说：“卿目睕睕，正耐溺中。”意思是你眼睛非常深，能当容器能盛尿。讽刺孙珍少数民族的长相。孙珍恨极了这个说法，所以就告诉了石宣这件事。石宣就是当时统治者后赵的皇子，也是诸子中最有胡人状貌的，眼睛非常深，闻之大怒，遂诛杀崔约父子。崔约的一个玩笑话，结果造成了满门的悲剧。当时还有一个人叫冉闵，他是汉族人，建立冉魏政权。他看不惯胡人胡作非为，也知道胡不为己用，于是他颁布了政令“赵人斩一胡首，送凤阳门者，文官进位三等，武官悉拜门牙。”于是一日之中斩首数万，冉闵还“亲率赵人以诛胡、羯”，他亲自杀这些人，无贵贱、男女、老幼，皆斩之，死者二十余万。有人因为鼻子高一些，有人因为颧骨高一些就被杀掉，滥死者过半，这样的情形如人间地狱。

民族的交融除了这种剧烈的矛盾之外也有和平的方式，所以，谁能停止这样的民族争端，谁能促进民族大交融，谁就是历史的推动者，就是功臣。383 年发生了淝水之战，而北朝已经形式上统一的民族，氐族建立前秦，前秦的皇帝苻坚也非常开明，他重用汉臣王猛，进行大规模的汉化改革。王猛在临死前劝他千万不能打东晋，打东晋就会万劫不复，别看那是小朝廷，但那里是人心所向，前秦还不能征服人心。可是由于前秦政府开疆拓土顺利，已经被胜利冲昏头脑，完全忘记了王猛的教诲，最终淝水惨败。当时两国在淝水（今天安徽寿县一带）进行交战，而东晋以少胜多，以八万军力大胜八十万的前秦军。因为前秦部队不是铁板一块，东晋拉拢这些部族对前秦离心离德，也说明北方民族矛盾非常复杂，统一的时机尚不成熟。

以上就是我们说的五胡建国，五胡其实只是约略而说，也不止有十六国，他们造成中国历史上的大分裂，给中国带来了相当大的破坏。

四、"桃花源"中人

五胡十六国给中原带来了极大的破坏，战乱横行，摧伤了当时的经济，导致汉代以来经济发展的倒退。

经济的破坏是人民根本不想看到的，这时，谁能够稳定经济，谁就是历史功臣。黄河流域是重要的农耕区域，可是当时已经受到了长期的重创，人口不是死亡就是迁徙，很多人迁徙到南方，大量土地抛荒，即使是后来出现明君，比如说北魏孝文帝，只在这片区域上放牧，大量的土地成为他的牧场。东晋的大地主桓温一度想克服中原，北伐的时候有书描绘，"河洛丘墟，函夏萧条。井堙木刊，阡陌夷灭"。原先的文化重镇已经不复存在，原先的宫廷一片瓦砾，原先的农田成为荒地。

许多作品都能表现出历史当时的倒退，其中有一篇著名的文章，陶渊明的《桃花源记》。陶渊明活在东晋到刘宋的变革期，他看透了官场的黑暗，索性挂官而去。《桃花源记》描绘了一个桃花源，"乃不知有汉，无论魏晋"。许多人说这桃花源不存在，这是浪漫主义的写法，是陶渊明思维世界的产物。可是大历史学家陈寅恪先生，就提出了不一样的看法。他在《桃花源记旁证》中指出，桃花源很可能是存在的。当时北方形成了一个个自给自足的城堡式的部落，叫坞堡，或者叫作堡坞，或者叫坞壁。这些部落中的百姓是自给自足的，住往居住在大山深处。老百姓为了躲避战乱逃到大山深处，自己耕，自己织，这里老百姓成为坞堡领袖（领主）的包荫户。他们躲避了国家的税收，包荫到领主的羽翼之下，不给国家服徭役，也不给国家纳赋税，他们成为领主的私家人口，国家也不能管理，因为国家力量弱，甚至国家都不知道他们存在深山的哪个角落，所以当时“桃花源”中人，很可能是来到了这样的角落。根据文章描述“桃花源”像太行山、中条山的深处，好些自然状貌是差不多的，《桃花源记》中，后来写着那些人又来了，但是就迷路了，后遂无问津者。陈先生考证，陶渊明有一个朋友叫戴延之，他参加过当时的北伐，一度打到今天河南陕县三门峡这个地方，打到过桃林塞，可能看到当时的景状，把这些景状就跟陶渊明探讨过，于是陶渊明写下《桃花源记》。陈先生的分析是有一定道理的，他从当时的文学作品之中，看到了经济组织和社会组织。

历史会从治到乱，肯定也会从乱到治，这是历史的变化，这也是辩证法。

五、从乱到治　局部统一

从宋、齐、梁、陈，以及北魏、东魏、西魏、北齐、北周的历史更迭，可以看出这个时候中华大地已经形成了局部的统一。东晋南朝以后开启了从乱到治的局面。

这时南北朝并列出现，北魏 439 年一统天下，南方出现了宋（刘宋）。南朝更迭为宋、齐、梁、陈，于是南京有了一个说法叫六朝古都。六朝包括东吴、东晋、宋、齐、梁、陈，其中隔了一个西晋，但是大体前后延续这就是六朝。在北方先是北魏一统天下，后来北魏分裂为东魏、西魏，又分别为北齐、北周取代。最终北周的臣子杨坚一统天下，建立隋王朝。

南北朝的局面是很特殊的分裂现象，北朝称南朝为“岛夷”，南朝称北朝为“索虏”，他们谁也看不上谁，但他们没有造成东西晋时期的大分裂，东晋十六国大分裂局面不存在了，那说明已经实现了局部统一，中央集权制度逐渐在恢复，而且在稳定经济，这些都是历史的进步了。

六、寒门地主崛起

局部统一对于隋的统一来说是奠定基础的过程，统一过程中产生了许多积极的因素，其中寒门地主的地位上升就不得不提。东晋是世家大族的时间段，可是有世族就有庶族，世家大族不行，寒门地主就往上爬。

东晋形成一个很独特的局面，世家大族掌控着政权，可是世家大族很腐败，很多人视理政为俗物，他们谈玄，清谈。鲁迅先生在《魏晋风度及文章与药及酒之关系》一文中提出了一个很重要的词叫“魏晋风度”。“魏晋风度”说的是，在特定的历史场合之中世家大族出现许多变态的情状，他们不为礼法所拘束，施展自己的个性，这当然是从积极的角度去理解。从消极的角度讲，这些人相当腐败，他们不仅在政权上大搞腐败，且骄奢淫逸，还站在高位，尸位素餐。他们把政权交给下等官吏（寒门），因此天下也就乱了。

淝水之战是一个很典型的例子,虽然东晋战胜了前秦,但其中也存在很偶然的因素。淝水之战前,抵御前秦,平息桓玄叛乱的过程之中有一群人出现了:在京口广陵一带由流民组成的北府兵。他们跑到南方,京口广陵(今天江苏南部)就是他们的聚集地。他们都是流民,比较亲民,也有一定的战斗力。平息桓玄的叛乱,以及在淝水之战中抵御前秦,都靠的是这支力量。

发迹于北府兵,出身于寒门地主的宋武帝刘裕,他上台后一改东晋政权做法,实施了一系列休养生息的政策,用的也多为贫寒出身之人,兵权主要交给自己的皇子,所以他没有重蹈东晋发生的大族割据的局面。

刘裕在宫廷之中建了一个博物馆,展览他以前用过的农具锄头,告诉子孙后代自己创业之艰,筚路蓝褛。他的用意是好的,但他后代有一群荒主不能领会他的意图。赵翼曾说"宋齐多荒主"。无论后代如何,刘裕在位时期政权的面貌为之一变。宋孝武帝刘骏在位时期,又在政治、经济、军事等领域推行了一系列改革,由此出现了"寒人掌机要"的局面。权力逐渐下移,士人成为荣誉的职衔,而寒人以低级官职掌控实权,这个情形发生在南朝宋。陈寅恪先生说,这应当是君主加强权力、架空世族的一种手段。这个时期的政治制度也发生许多转变。

后来发生了"侯景之乱"。梁朝皇帝梁武帝萧衍信佛,但他并不是真心向佛,他本性很残忍,麻木不仁,菩提达摩高僧对他都不买账,认为这个皇帝很荒谬,只是拿佛理给脸上贴金。当然有人怀疑这一段文字的真实性,可是咱们能看出,佛家弟子对这些统治者的不喜。

侯景之乱是怎么爆发的呢？侯景本身是东魏叛将，东魏产生了内讧，侯景不得人心被排挤，便索性投靠了东魏的对头，也就是南朝梁，梁武帝萧衍非常高兴。后来萧衍派自己的侄儿萧渊明北伐，结果惨败，人被东魏所俘虏。萧渊明被俘虏之后萧衍想怎么能搭救自己的侄儿，侯景此时也对梁武帝心存二心，想试一试梁武帝是真收纳他，还只是当他是一张牌。于是侯景自己伪造了一封信，信的内容是：北魏问梁武帝，能不能拿你侄儿萧渊明和我叛臣侯景交换，交换之后我弄死侯景。而梁武帝也就上当了，觉得这个买卖合理，同意了换俘虏的请求。侯景一看，果不其然，梁武帝果真没有真心接纳他，干脆反了，于是就起兵叛乱。

公元548年，侯景在寿阳（安徽寿县）起兵，549年占据建康，这位所谓信佛的仁慈皇帝梁武帝被活活饿死，侯景掌握梁朝军政大权，551年自立为帝，国号“汉”。

驻守在岭南出身同样比较寒微的军阀陈霸先北上，于552年收复建康，侯景乘船出逃，被部下杀死，终于平息了大战乱。陈霸先趁势崛起，557年取代梁朝建立陈朝。

这是南朝最后的一个时间段了，而在这个时期胡汉之间还产生了融合，寒门地主势力上升的同时民族交往和民族融合也没有停息过，胡汉之间的融合也是统一的重要保障。

七、胡汉融合

胡汉之间的融合有个很典型的例子,北魏孝文帝改革。北魏孝文帝元宏,公元 471 年到 499 年在位,本姓拓跋,名宏,是北魏第六位皇帝,谥号为孝文皇帝。484 年北魏进行了重要的改革,实行了俸禄制度。原先官员没有俸禄,靠贪污和掠夺来养活自己。孝文帝落实了汉民族的官僚制度,实施俸禄制,惩治贪污腐败,刹住了这股风。

495 年,北魏正式迁都洛阳,孝文帝强行命令鲜卑贵族进行汉化,采用了汉族统治阶级的政治制度,比如穿汉服、说汉语、改汉姓,用儒家经典重视教育,这一系列政策推动民族融合。但是汉族的文化不都是好的,他们没有以批判的态度去学,把汉族地主的骄奢淫逸与腐败也学来了,进而造成统治集团内部的阶级矛盾,酿成了“六镇起义”。

“六镇起义”也叫“六镇暴动”,六镇基本都是在长城沿线,是防卫北方少数民族的军镇,而北魏守军镇的人都是下级军官,以及各种各样派到边庭戍边的罪犯贫民。这些人本身就和统治者有距离,这时统治者迁都到洛阳了,骄奢淫逸,不管六镇的死活,六镇索性暴动,而北魏朝廷付出了很大代价镇压六镇起义。镇压六镇起义时涌现出一批军阀、贵族,加剧了北魏的离心力量,最终北魏分裂成东魏和西魏,东魏和西魏又被北齐、北周所取代。

北周在立国时鲜卑军队不如北齐多,政治地位也不如北齐和南朝梁，但是北周建立了一个态度、一种政策，陈寅恪先生称之为“关中本位政策”。他们立足于关中，融合鲜卑人以及汉人，尽量消除胡汉之间的隔阂，形成了一批新兴的地主势力为其服务，这就是著名的“关陇集团”。

关陇集团力量很强大，唐高祖李渊的先祖和杨坚都是关陇集团重要的构成。北周关陇集团，攻灭政治混乱衰退的北齐，而汉族也逐渐成为北周军队的主力，取代鲜卑贵族，也为后来杨坚建立隋朝奠定了坚实的基础。钱穆先生曾经说，北朝和南朝相比，北朝代表鲜活血液，他们重要的力量就是北周，因为北周融合了胡汉的优势，这都是历史发展的动力。

八、隋唐大一统呼之欲出

胡汉融合在中国历史上发挥了重要的作用，而这一系列的历史现象，推动了隋唐大一统的来临。另外一个沟通南北交融的重要因素，为经济重心南移打下基础的就是南方开发。

在司马迁那个时代，认为南方政治、经济水平不高，南方虽然无千金之家，但也没有冻馁之人，因为那里是鱼米之乡，有天然的优势，因此，南朝相对比北朝局面安定。各个王朝都对南方经济进行了大开发，使得南方人口大量增加，在那时人口就意味着社会的鼎盛程度。据记载，464 年，刘宋的户口已经达到九十万八千，人口四百六十八万，像发达地区会稽郡（今天绍兴一带），人口就有三十五万。有学者认为历朝历代的正史《食货志》还可能有隐瞒，有世家大族隐瞒的包荫户、流民，如果算上这些人,户数可能要翻一倍,达到了二百万,而人口数达到了千万,这对于当时南方来说太重要了。南朝时南方的城市商业、手工业都有了很大的发展,而且闽江、珠江流域也得到了进一步开发。南方地区的开发对中国经济产生深远影响,为后来经济重心逐渐南移奠定了基础。

我们对魏晋南北朝的发展进行一定的总结。魏晋南北朝政权更迭频繁程度在中国历史上仅见,但分裂之中孕育着统一的因素。

门阀制度于魏晋形成之际产生了巨大的变化,它阻隔了寒门进入政权的道路,但是寒门也在尽可能地发挥着自己的作用,尤其是到了南朝以后,寒门地主力量日益不可忽视。而这个时间段发展了屯田制、均田制。屯田制很像今天的生产建设兵团,一边当兵,一边种地,兵农合一。均田制是国家掌握土地,授权给农人耕种,它在历史上意义很大,稳定了社会秩序,使南方得到了进一步开发,推动后来经济重心南移。

隋唐时代,南北方就出现大运河。从民族的角度讲,北方少数民族大量内迁,中原少数民族大量南迁,运河作用功不可没,出现了自春秋战国以后又一次民族的大融合,在华夏族中华民族的历史发展上具有重要的作用。

魏晋南北朝时期动乱战争频繁,给人民带来了灾难,但一系列的社会变迁也在一定程度上推动了社会的进步,中国历史上第二次大一统的盛世隋唐时期呼之欲出。

隋唐五代评略

既然是通过《资治通鉴》来看隋唐五代，我们不禁会有这样一个问题，司马光率领众臣来编撰《资治通鉴》的时候，是每一个朝代都平均用力吗？从目前来看，显然不是这样的。《资治通鉴》对唐代格外关注，留下了浓墨重彩的一笔，唐代的篇幅，对唐代剖析的透彻程度，都远远超出别的时代。司马光写《资治通鉴》目的性非常明确，希望通过历史的借鉴来寻求一种治国安邦之策，方便治理国家。如果说历史长河均有借鉴，显然唐朝给司马光的借鉴意义更为重要，所以他将大量的笔墨用在唐朝部分：唐朝的兴盛、唐朝的转折、唐朝的灭亡，都尽收《资治通鉴》的眼底。所以要了解这个朝代，对《资治通鉴》的把握十分重要。

一、盛世前奏

在隋之前，中国出现了很长一段时间的分裂割据，伴随着隋文帝以恢宏之势统一天下，天下安定。隋朝第一个重要的举措就是结束分裂,统一南北,从国家的政局上,从经济的南来北往上,从文化的发展程度而言,这是个非常重要的时期。此时,不仅是国家形式上的统一,同时伴随着方方面面的融合。

从东汉进入到三国,后来由三国到西晋的统一,再由西晋到北方的十六国、南方的东晋,然后再进入到南北朝时期,其间政权林立,但也有过统一的期许,因为南北方之间不容割裂,文化上、经济上都需要交流,这种分裂的局面显然会影响进一步发展,隋朝的建立就解决了这一问题。

解决了国家统一安定的问题之后,如何管理这个国家成为一个更加紧迫的问题。隋文帝之时采用两项措施,一个叫"大索貌阅",一个叫"输籍定样"。统一说起来,这两项措施都是要加强户籍的管理和户籍的建设,一方面把个人的长相、身高,家中男丁情况等进行了统计,同时根据天下的户口情况进行籍册的管理,以此为凭据进行徭役、兵役等活动的摊派,也作为钱赋的一种征收的依据。当时这种做法是很有魄力的,而且对于国家的管理来说是至关重要的。

据《隋书》卷二记载,隋文帝治世时相当节俭,而且天下太平、宇内安定。后世将隋文帝治世称为"开皇之治",然而隋朝是二世而亡,虽然非常可惜,但是第二位君主也是有一定作为的。

隋王朝时期营建东都、开凿运河、科举取士,而且是仓廪充足。原来当时隋朝锁定都城为大兴城,这是新建的都城,基本位置仍然在长安附近,就是如今的西安附近,汉长安、唐长安在中间。这个都城存在一个问题,从中国的地形地貌来看,它虽然位于关中平原，但是和东部之间有山河的阻隔，不便于对东边平原地区大片领土的管理。所以隋政府就借鉴以往的经验，在洛阳兴建东都，就出现了一西一东交替管理。为了方便南来北往，尤其是东南方向的钱粮运输，打通北边的军事上的这种输送，以及这种地方上安定的管理，于是构建起自北向南的一个大规模的大运河。

大运河有三个关键的点：北边是涿郡，中间是洛阳，南边是余杭（北边最北到达北京，中间是河南洛阳，南边是浙江的杭州），分作四段：永济渠、通济渠、邗沟、江南河。很多人觉得隋政府不爱惜民力，但实话实说，运河的开凿，是要依据以前古运河古河流来开凿的，不是完全地改变地理面貌，所以开凿运河也具有一定的合理之处。

隋朝的时候科举取士，将人才选拔进一步加以规范。以前人才的选拔有过地方的推举，有过中央官员前往地方考察，但是最终都发现弊病丛生，因为这些制度不够客观，也不够公正。但是有了科举取士之后，中国逐渐形成这样的面貌：大家通过严格意义上的考试，凭能力来出仕做官。

仓廪充足代表了这个国家非常富足，当时大型的仓库有储存粮食的、储存钱的、储存布匹的等等。隋朝之世，国家的储备非常充足，也就是说隋炀帝取得了一定的成就。隋文帝、隋炀帝开创了一个非常独特的局面，而且政治、经济、文化等方面都可圈可点，可是为什么会出现二世而亡呢？

一代名臣魏徵认为，隋炀帝不是没有才华，而是在于欲望过多，凭借自己之才华，有点重刑，而且大兴土木，不爱惜民力，同时刚愎自用,不听从大臣的意见。

二、唐之初创整合

唐朝篇章从李渊开始,李渊被后世称为唐高祖。他统合南北,王朝初创。隋朝末年时,民间有这样的说法:琼花一开,分作十多路诸侯。当时的天下诸侯林立,还有很多农民的义军和割据,大家谁也不服从谁,国家政令不统一。

李渊父子通过不断地打拼,整合南北,初创王朝。唐太宗李世民即位之后,进一步将唐朝的优势发挥出来,包括以下几个方面:轻徭薄赋、放宽刑审、知人善任、从谏如流。他的功绩不仅在于领土的完整和正面的统一,更在于借鉴隋的经验。

隋难道不强大吗?隋的高度不高吗?显然不是这样的,可是隋为何会二世而亡呢?原因是它没有以民为本,没有知人善任。唐太宗李世民的轻徭薄赋、放宽刑审等政策起到了极大的作用,安定了民心,百姓安居乐业。同时他也深知偏信则暗、兼听则明的道理,所以他做到了知人善任、从谏如流。从制度的构建上来说,他非常认真地分析了隋朝的制度,延续且完善三省、科举制度,将三省六部制加以确立,而且对科举制进行了重要的完善,于是形成了"贞观之治"的盛况,引发后人的无限崇敬。

唐朝因之于隋,鉴之于隋。唐对于隋既有传承,也有借鉴与反思。唐朝正是因为把隋朝吃透了、看清了,才开创了一个非常了不得的局面。

唐朝有些制度是因之于隋,如统一南北、三省六部制、科举制、府兵制等等。有些是巧妙运用而又有所变通，比如开凿运河。运河保留隋沟通南北的重要性，帝王在运河上的游行，给它带来了一些负面的声音，但不能抹杀它应有的地位、作用。仓储也因之于隋，有人说隋的仓储之物二十年都用不完，因此唐不再追求盲目的国家的存储，而是希望百姓安康，不可以面对百姓流离失所，天灾人祸，而不假以钱粮。均田和租调，虽然是因之于隋，但是进行了较大规模的改革。唐朝对均田进一步加以落实、完善，追求实效，同时租调制发展为租庸调制，庸意为中庸调和，以前百姓要服徭役，唐朝时通过租庸调，百姓能够以纳捐来代替徭役，以此来保证农时安居乐业。

从以上信息可以看出，隋在制度设立方面有所开创，但是也留下了历史的教训。而唐一方面因之于隋，另一方面也对隋制进行成功的借鉴乃至创新，所以唐开启了盛世的崭新局面。

我们常说汉承秦制，唐承隋制，中国古代为何常常体现出制度的传承与损益？如果说咱们是一个继任者，能不能甩开膀子，直接来一个崭新的制度。朝代之间为什么会出现传承呢？它的利和弊又有哪些？哪些王朝它成功反思了，哪些得出了错误的结论，出现了一种反复呢？

三、盛世华章

从时间轴的角度来看，盛唐实际上是一个比较长的脉络，但是主要聚焦于贞观之治中间的二十余年，还有开元时期以及天宝的前半段。当然，后世对于武则天时期评价也是越来越高。

唐代在安史之乱之后则迎来了转折,之后形成了藩镇割据的局面。本节内容主要着眼于从贞观到天宝前期这段时间内。

李世民认真分析了隋朝灭亡的原因:一方面是不关心民意,没有以民生为念;另一方面是统治集团内部出现了一言堂,缺乏君臣相知。因而李世民大力鼓舞大臣直言进谏,他提拔了许多能人志士,凌云阁二十四功臣便是其中的代表,他们是一个时代的名片。

凌云阁二十四功臣中有文臣有武将,就文臣而言,像房玄龄、杜如晦等都是非常显赫的,就武将而言,像尉迟敬德、李靖等也是称名于世的。这些大臣一部分来自于以前秦王府旧有的臣僚,属于近臣;也包含了以前太子府(李建成)的和齐王府(李元吉)的;甚至还有来自于他父亲李渊手下的旧臣;除了这些,李世民还提拔了一些贫寒之士,像马周等等;于少数民族中比较知名的人也都在提拔之列。可以看出,唐太宗李世民的确是将隋亡的教训牢记于心中,他也做到了敢于去求谏,积极去纳谏,最终成就了唐贞观时期国家之强盛。

有了这样一个精诚团结的官僚团队,李世民将如何打造制度,如何安天下呢?

首先就是施行三省六部制。关于中国中央机构是有一个发展的脉络,秦朝开创的三公九卿,西汉有内外朝制度,魏晋南北朝以来在一定程度上发展了三省制,但是直到隋朝的时候,三省六部并没有完全定型,到了唐朝,尤其是到了唐太宗之时,三省六部的基本面貌确定下来了。

三省分别是中书省、门下省、尚书省。中书省秉承皇上的意思起草诏书，门下省负责审阅诏书，不合理的地方要驳回，有值得商榷的地方要进行修改。尚书省是秉承上级指示来办事。尚书省直接统领六部，六部分别是吏、户、礼、兵、刑、工。这些部门负责管理很多方面，比如官员的考核、把握户籍人数、制定朝野礼仪、记录统兵兵籍、确定刑罚、施行土木工程等等。三省六部大体就这样确定下来，为了进一步贯彻六部工作的执行，在六部下分设了二十四司，也就是说每一部都有四个衙门来具体负责管理，形成了一个较为完整的制度面貌，而唐朝还远未止步。

因为从表面上看，三省制有一种分权的含义在里面，一件事大家需要反复商榷，虽然民主了、科学了，但办事的效率存在着一定的问题，可能出现中书省和门下省之间的对峙。于是出现了一种御前讨论的会议，叫作政事堂。政事堂起初不是一个政事的机构，因为有些事情需要中书省和门下省双方主要官员齐集一堂，大家商量清楚之后给出一个明确的答复，以此来下发尚书省方便执行，这成为中书门下这一机构的一个开篇。

唐代中后期，有一个独特的机构叫中书门下，宰相在里面对政事进行讨论，乃至给出一个决议。到了宋代的时候对这个制度就加以沿用，中书门下就被称为政府，专门管理军事的枢密院被称为书府，这是宋代的两府制。由此可见，唐代三省六部制为后世奠定一个相对稳定完善的机构基础。

在制度确立之后，唐代还需要对天下的田赋，乃至于服兵役进行管理。天下田赋主要施行均田制和租庸调。均田制源于北魏，北魏孝文帝改革前期是冯太后来主抓，它以民生为本，将国家的无主荒地分给百姓，安抚百姓，以避免流离失所。一部分田地百姓能够耕种，要给国家交赋税，但是不准私下买卖，也不准传之后世，死后要交回国家；另一部分是作为自己能够传承的、买卖的田地，作为家庭的财产了。这种制度到唐朝的时候加以延续，唐政府发现这样做对百姓非常有利。在唐朝初年，国家可支配的土地相对较多，均田制的推行得到了百姓的支持，国家也因此非常富足。有了均田制就要有相应的赋税制度——租庸调制，租是钱粮，调是布匹，男耕女织国家都有一定的收缴的要求。"庸"是针对于百姓所服的徭役，如果影响农时或百姓不情愿，往往可以纳绢代役，通过交绢，比如丝绸来代替徭役，以此保证生活的安定。在均田制基础之上，唐朝打造这种独特的小农经济，小农成为国家的支柱。

有了小农之后，国家打仗如何安排呢？唐政府围绕着农民来进行征兵服兵役，实行府兵制度，即兵农合一。百姓在一年四季之中，春夏秋三季来打理农田，而到了冬天农闲之时，由地方上开军府，召集百姓进行训练，甚至培养出他们的作战能力。唐代的部队很多来自于小农，他们很多武器装备，甚至包括口粮都是自备的，减少了国家的财政开支，而且农民入伍的士兵比较朴实，作战勇敢，在唐朝的前中期发挥了重大的作用。

关于当时学校教育和科举制度内容较多。唐朝之际在中央和地方都有学校，尤其以中央为代表。中央有六学二馆，六学分别是国子学、太学、四门学、律学、书学和算学。其中国子学在当时不仅仅是教育机构，同时还是教育管理的最高部门，类似于如今的教育部。西汉位居教育榜首的太学，唐朝时已经居于第二位。中央的官学还有两个独特的机构叫二馆：弘文馆和崇文馆。

弘文馆为门下省所设，用来招贤纳士，崇文馆为东宫太子的机构所管辖。“六学二馆”代表了唐代教育的高峰，条分缕析，体系鲜明。

有了学校教育之后，人才何去何从？于是唐王朝进一步完善科举制度。科举不仅仅是进士科，在进士之前还有秀才、明经、明法、明书、明算等等。当中尤为知名的是明经和进士二科。当时民间谚语有“三十老明经，五十少进士”的说法，为什么说三十岁就算老的了，五十岁的进士反而算年轻了呢？因为明经主要考察的是墨义，要背诵很多儒家经典，是填空题，如果一个人三十岁还考不上明经，就说明他不适合走这条路。而进士除了墨义之外，还要考诗赋、策问等，就是说进士一方面要有才华，另一方面还要有实干能力，因而进士为天下所瞩目，竞争也非常激烈，所以考中进士极为艰难。唐王朝因科举制度选拔出很多杰出的人才，人才济济。

唐代还有典章之美，有三部典籍对后世产生深远影响，分别是政治类的《唐六典》、法律类的《唐律疏议》、礼典类的《大唐开元礼》。《唐六典》是在唐玄宗之时，由李林甫牵头带领官僚团队进行编纂，《唐六典》中对三省六部和各个官员各个机构的来历，进行了一定的解读，成为后世的宝典，是了解历史的一个非常重要的参照。唐以前的法律盲目参照《周礼》，但是《周礼》存在一定的问题，其中很多法律条文，不符合时代需求，也缺乏体系，《唐律疏议》将方方面面的法律条文加以汇总，而且细加裁定，形成体系，不仅大而全，而且特色明显，为后世所继承，因而《唐律疏议》有对中国古代法律重要的奠基意义。《大唐开元礼》非常复杂，对朝野上下具体的礼仪规范细致入微，成为后来宋、元、明、清反复揣摩和模仿的重要礼典。

唐代还有被称为"唐八史"的典章之美。当一个王朝灭亡，新的王朝继位之后，需要反思历史，而且出于道义，也要为前一个王朝进行著书立传，往往会编纂史书。一般来说，一个王朝只会编撰前一朝代的史书，但是唐朝比较独特，它的前面有过魏晋南北朝和隋，唐王朝需要进行一次崭新的梳理，于是就进行了系列史书的编纂，有《晋书》《梁书》《陈书》《北齐书》《周书》《隋书》，还有本来是民间所编写，后来为官府所认可的《南史》和《北史》，因而这八部作品被称为"唐八史"。唐代有政治上的《唐六典》，法律上的《唐律疏议》，礼仪上的《大唐开元礼》，更有历史领域的"唐八史"，具有"典章之美"的美誉。

唐代构建起一个非常独特的局面。唐代农业、手工业相对发达，商业也步入繁荣。为人所津津乐道的，一方面是全国有很多知名的城市，比如扬州、成都等，另一方面是丝织业、造纸、印刷等为后世所称赞。

唐代都城长安之中分为西市和东市，热闹非凡。东西市有不同的商业区域的划分，有不同的摊点，不同摊点的商人、营业者要穿不同的服装，以此来判定他们的行业。还有行会对于他们的商品质量与价格进行把关。有的摊点是面对普通人的生活，有的摊点是奢侈品，有的是中原内地所常见的，有的则来自于西域乃至是舶来品。总之市场内一派繁荣景象。

唐代的文化昌盛体现于当时的诗歌、散文和传奇之中。唐诗宋词是中国古代文化的两座高峰，唐诗更是独步天下，朗朗上口，有长、有短，有绝句、有律诗，有五言、有七言，脍炙人口，家喻户晓。唐代名家诗人辈出，比如说初唐的知名诗人王勃、杨炯、卢照邻、骆宾王等等，盛唐之时名家就更多了，王维、孟浩然、李白、杜甫等不一而足，中唐时期有像温庭筠、李贺、李商隐、杜牧等诗人。唐朝之际群星闪耀，人才济济，唐代的诗篇也是长久地影响后世。

唐代的文章也极有特色，尤其是唐代中后期，韩愈、柳宗元提倡古文运动，要求消除社会的浮夸之风，提倡朴实的文风，向古人看齐。此时产生了非常多的名人与名篇。

唐代文学另一个重要体现就是唐传奇。唐传奇为后世的话本、元杂剧，乃至于明清小说都奠定了一定的基础。传奇具有很强的故事色彩，如《李娃传》《柳毅传》等故事中，有现实、有虚幻，情节环环相扣，引人入胜。

诗歌、文章、传奇作品共同反映出唐代文化之昌盛。为什么诗歌、文章可以在唐朝进行这么大范围的传播？因为唐代的雕版印刷技术得到了很好的运用。在宋代，知识平民毕昇发明了活字印刷，但是活字印刷的使用范围、使用数量相对较少，对中国古代社会真正影响比较大的是雕版印刷。雕版印刷看似简单，实则很复杂，比如对于木头的选材，需要防虫蛀。而雕刻文字的字体往往来自于名家，越是重要的文献，它的版本就要求越高。目前，我国发现比较早的是唐咸通年间的《金刚经》的印制品，也许是当时的人出于孝心，为自己去世的长辈来印制，结果无心插柳柳成荫，成为如今国内发现的最早的一个雕版印刷的制品。雕版印刷历经了很长的时期，对后世影响深远。从《金刚经》的具体雕刻来看，雕刻技术相对成熟，线条明晰而流畅，尽管从实物来看，这个物品来自于中晚唐，但是从它的技巧来分析，可能更早就出现了雕版印刷技术。

在唐代，雕版印刷技术和文化的昌盛是相得益彰的。文化昌盛还有一些更具体的表现，比如石窟艺术、泥塑、雕刻、彩绘，还有绘画。当时的绘画相对素净，当然也有一些五颜六色的，甚至还有像吴道子这样“吴带当风”所画的人物，衣袂飘飘；这一时期更有影响后世的书法艺术，如颜真卿、柳公权所书写的颜体、柳体。

文化的昌盛是唐王朝内部繁荣的体现，对外，唐王朝时期周边少数民族对其臣服。唐代的疆域是相对辽阔的，一方面是唐政府实际统治区域辽阔，另一方面是周边地区形成了强大的凝聚力，推动民族的交融。当时有一幅非常知名的《步辇图》，图中画着少数民族的使者前来觐见的情况。他们觐见是为了求婚，希望文成公主能够嫁到吐蕃去，推动两地之间的交流。今天也有相关的绘画，描绘了文成公主到达吐蕃地区，带去了中原的文化，如物种、生产技术、生活技术等等，大大改变了西藏地区的面貌，为民族交融奠定了重要的基础。

唐王朝内外咸服的状态，除了体现在亲华夏的民族，还有当时更为辽阔的地区，比如当时陆上丝绸之路与海上丝绸之路所涉及国外地区。唐王朝以一种非常博大的胸襟招揽四方的宾客，在东亚地区形成了东亚的儒家文化圈，对东南亚也影响巨大，其影响力甚至穿越马六甲海峡，到达印度洋，远至波斯湾地区。唐王朝也有很多海外的朋友，比如当年新罗、日本都派遣唐使来学习唐朝文化。当时的文化互通彰显着唐朝的文化强盛，现在仍可发现一些海外华人聚居的地方被称为唐人街。可以看出唐代绝非小家碧玉，而是有着开阔的气势，所以为后世所追崇。

四、盛世变局

唐代的重要转折在于安史之乱，公元 755 年。安史之乱是怎么来的呢？这件事要从唐玄宗说起，唐玄宗时期有两个年号，一个是开元，一个是天宝。开元年间的唐玄宗励精图治，而到了天宝年间他开始骄奢淫逸。天宝年间，唐玄宗认为天下太平，但其实当时的均田制已经遭到破坏，地主逐渐崛起，百姓遭到了土地兼并，小农经济被破坏，于是服兵役的人越来越少。

国家为了保证安定，将府兵制改为募兵制，“募”就是招募的意思。由国家花钱来养军队，难免产生一些游手好闲之人，同时也增加了国家的开支，为了减少开支，唐玄宗改变了以前重内虚外的军事格局，而将重兵安排在了边境线上，中原地区、国都地区的士兵数量非常少，边境线上的驻守军事势力强大，被称为节度使的辖区。

节度使的节代表了君主权力，比如苏武牧羊，手中始终握着一根杖，这个杖就是代表君权，是皇帝的象征，苏武用的是礼节用杖，这是节的含义。一般来说“节”意为赐以军阶，大臣手中握着节，其他人要下跪要行礼。度是“度支”，意为管理钱粮。节度使既有政治上的权威代表意义，同时又把握住经济上的实权，因而节度使几乎在地方上具有决策权。当时在边关设立了八个节度使，设立之后各地就形成一种尾大不掉之势。

安禄山、史思明在前期装作非常得体、顺从，听从中央，但是当国相变为杨国忠之后，他和安禄山、史思明之间的矛盾越来越大，于是二人就起了不臣之心。他们由范阳起兵，长驱直入，直攻中原。此时唐玄宗大梦方醒，但中原缺乏一定的保障力，无兵可用，且存在严重的战略失策，本来应当是据守潼关，他却要求积极出战，使得潼关失守，由此他不得已放弃长安，于是天下大变，经历八年左右的安史之乱，北方十室九空。杜甫在写《石壕吏》的时候，就有对时代无情的控诉，是一种哭诉，也是一种无奈。伴随着安史之乱，中原经济重心南移，百姓大量南迁，很多的物种、技术乃至于财力开始向东南方向迁移，北方开始迎来了一段衰败期。

如果安史之乱是唐朝衰败的开始，后面的局面则更加难以收拾。天下伴随着各个武装政权的兴起，唐王朝形成了藩镇割据的局面。唐朝既讨厌这些藩镇，同时又依赖于这些藩镇。安史之乱后唐王朝大体分为河朔型、中原型和财富型。河朔型的藩镇是当年起兵反叛，后来不听从安禄山、史思明的后人，他们一方面是来中央邀功，投靠中央了，而事实上具有很大的独立性，当然，他们的继任者或是子嗣，或是自己的幕僚，不听从于中央管辖。中原型节度使是用重兵来抵御河朔节度使的，以防叛乱。东南财富型节度使在很长时间内是比较听从中央的，给国家提供财富，但是也出现过反叛。

当时唐朝所面临的，一方面是非常棘手的藩镇割据，另一方面也有在内的宦官专权和朝内党争。唐玄宗之时重用宦官高力士,已经出现了宦官对朝政的干预。安史之乱时期,唐玄宗仓皇逃往成都地区,太子李亨领兵北上,到达甘肃的灵武,宦官李辅国就极力支持李亨自立为帝,李亨握有重兵,又在宦官的支持之下,便果断称帝了,之后他就组织军民来抗击当时的安史叛军。在这个过程之中,李辅国深受信任,掌握着大部分军权,同时被赐予无以复加的地位。由此,李辅国虽为宦官,但是可以视为一朝之“宰相”了。

从李辅国开始,宦官作为皇帝的亲信、内臣,反复握有军权,而且多能参政议政,开始影响唐朝的政局。出现了宦官专权的现象,地方的藩镇自然要打探中央的意图,很多藩镇官员和宦官相互勾结,以免中央下定决心对地方进行平剿。

宦官专权之后,朝中也被搅得鸡犬不宁,最为大家熟知的是唐朝内部的牛李党争。牛姓一派来自于科举,而李姓一派来自于当时的世代官宦,二者矛盾不能调和。科举出身的人认为自己当时是凭借文化出将入相,而李姓一派认为他们是来自于官宦之家,有管理政局的实际能力,而不同于迂腐的读书人纸上谈兵。两派相互倾轧之际,他们也和宦官保持某种的关联,坐实了宦官在朝野之间翻云覆雨、干预朝政的历史现象。所以唐朝自安史之乱之后,朝野内外有三大毒瘤:宦官专权、朝内党争、藩镇割据。

唐朝难以解决这些问题,导致了日后走向末路。唐朝末年出现了黄巢起义。黄巢起义采用流动作战,席卷了大半个江山,尽管后来因为战术问题,还是败于唐僖宗之手,黄巢兵败自杀,但是唐代的灭亡只是时间问题。

唐朝末年军阀崛起，最终唐朝终结于朱温之手，五代正式开启。五代不是大一统王朝，它们只是掌握了中原部分地盘的政权，很大的疆域都是出现这种藩镇林立的局面。五代指的是当时的后梁、后唐、后晋、后汉、后周。在这个过程之中，政权来回林立、更迭。从整体来看，907 年唐朝灭亡，960 年北宋建立，只是跨越了 53 年，但是先后五易其手，改变了五次朝野，又存在八个姓氏等，天下混乱。

在 960 年，天下安定，出现了一个崭新的政权，赵匡胤自立为帝，开创北宋。北宋通过数年的南征北战，重新安定了国家。虽然它没能收复长城一带，但是基本的疆域已经握在中央的手中，天下终于接上了盛唐之气，宋代也是一个繁荣之世。

盛世之衰是一蹴而就吗？出现了安史之乱之后，当时应该如何解决乱局？唐政府如何破解对内的宦官专权、党争，对外的藩镇割据，如何让天下重新安定呢？虽然历史不可能重演，但是历史的教训值得我们铭记，更值得我们思索。

《资治通鉴》历史空间大事件

商鞅变法

我们一起来结合《资治通鉴》了解一下我国历史上最为著名的、影响最为深远的一次变法——商鞅变法。商鞅变法发生在两千多年之前,一直深刻地影响到了今天的中国。我们今天来用不同的历史高度与历史视野去透视一下商鞅变法,从它的顶层设计到它的底层执行。

一、家书中的历史与温情

当我们把目光聚焦在两千多年前的秦国的时候会发现,我们手头真的有一封充满了温情的史料,这就是1975年发现的《云梦睡虎地秦简》中的《黑夫家书》。它本来的名字叫作"黑夫木牍",因为这是一封写在木牍上的信,我们叫它"家书"是因为它是中国有史以来发现的最早的一封家书的实物。

这封家书写在公元前223年,这一年秦楚之间进行着一场胶着的战役——淮阳之战。这场战役决定着之后秦楚之间的命运,也决定着两年之后中国的命运。战火纷飞之中,前线的两个秦国的小士兵黑夫与惊寄回给家里一个叫衷的兄弟的这封家书，完好地保留在了我们今天发现的秦墓之中。

他们在这封家书里写道：家里面的老母亲身体还好不好？不要担心黑夫、惊。我们在前线打仗，身体都挺好的。大哥呀，新这个地方现在正盛行着盗贼，可能是强盗，所以千万不要去新，这个很重要。我们欠了一个叫作垣柏的人的钱（好像是高利贷），要是不还的话我们就死定了，所以赶紧给我们寄点钱来，急啊急啊急啊！另外，还需要母亲把夏天穿的衣服给寄几套过来，要不然我们挨不下去了。

同时他们关心自己出生入死，立下战功，得来的爵位到底来没来（按照国家规定是要授予爵位的）？从这封家信里面还可以看到，惊刚刚娶了新媳妇不久，他充满对于媳妇的思念和叮嘱。他说，新媳妇儿在家里面怎么样啊，身体好不好？新媳妇一定要注意好好照顾公婆，勉力视瞻丈人。

这封家信里我们可以看到很多历史信息，比如说可以看出在商鞅变法之后几十年的时间里秦国的士兵真实的状态。秦国的士兵很英勇，他们身上有着为国立功的信念和勇气，也有着心系于家人之间的脉脉温情，同时他们还很贫困，所以他们借高利贷，他们甚至没有办法去准备自己春夏之交换洗的衣服，需要家里面给他们寄过去。

从这封家书我们还可以推断出，他们所念念不忘的加爵证实商鞅变法的时候实行的军功爵制。爵位最后来没来，有没有授予他们的家人？通过秦墓出土的家书我们大概也能够推测出来应该已经授予了，不然他们的家人是没有资格埋葬在这样的秦墓之中，有这样的地位的，但与此同时，从他们大哥衷随身保留的这封家书用作随葬品这个细节我们也可以推断出来，黑夫与惊两兄弟应该已经是战死于沙场，很有可能就是在这场秦楚的淮阳之战中牺牲了，所以他们的哥哥在得到了他们用性命相拚的爵位之后，把这份家书当作自己的随葬品。

这封家书里面透露出如此多的信息，有些我们可以直接看到，有些是我们间接推测出来的，它身上不仅带着历史的温度，还带着历史的信息。

当我们把目光再往前去透视一点的话，在这封家书百余年之前，商鞅变法之中曾经有过这样的顶层设计：打造一个像战争机器一样的国家。商鞅希望这样的国家是“民之见战，如饿狼之见肉，则民用矣”，民众看到战争的机会就像饿狼看到肉一样直接扑上去，这样的民众才是为国家所用的好民众。而强国之民应该有什么样的家庭呢？“父遗其子，兄遗其弟，妻遗其夫，皆曰：‘不得敌首，无返！’”父亲跟儿子说，兄弟嘱咐弟弟，妻子跟丈夫说，你要是没有杀敌，没有拿到敌人的首级，换不来爵位和财富，你就不要回来了。可以看出，商鞅所企盼的最为理想的国度，是一个完全无视人性，无视感情，而汲汲于功名与杀敌，像战争机器一样的国家。民众成为脱离了感情的螺丝钉。

但是，我们感受到《黑夫家书》中的一种脉脉的温情，这种小人物的日常情感与商鞅设想的秦民的状态之间还有着很大的差距，而这也是秦制与人性之间的一场漫长的战争，这场战争迄今为止已经进行了两千余年了。正像这封家书的第一句话所说的一样，这场战事不知道还要持续多久。

二、帝道、王道与霸道

商鞅本是卫国人，原名卫鞅，卫是姬姓，他是卫国王室的后裔，获封商地后，成为商鞅。商鞅来到魏国，没有受到重用，最后决定去秦国。因为当时秦国受到诸侯鄙视，二十岁的秦孝公刚刚即位，他决定要在四海之中招纳奇才，说要招求“奇技强秦”者。商鞅这个时候也是很年轻的一个新秀，年虽少，但《史记》里面说他有奇才。一个求奇技，一个有奇才，这“二奇”就此对撞出了辉映千古的火花。当然这个火花擦亮次序是由商鞅把控。

商鞅求着秦孝公的宠臣太监帮他引荐。商鞅第一次被引荐给秦孝公时，他故意和秦孝公说帝道，跟他讲三皇五帝、尧舜禹汤这些事情，然后秦孝公昏昏欲睡，《史记》上说叫“其志不开悟”。这些东西太久远了，都是神话级别的，谁爱听。

第二次秦孝公又召见商鞅。商鞅向他阐述王道，看看上古的三王他们是怎么做的，秦孝公依然是没有听进去。他说的这些话对不对？对，但是实行起来很费时间，不符合秦孝公小青年一腔热血想要秦国变得强大的追求，所以在秦孝公听来商鞅说的是废话。

第三次时，引荐的人已经很埋怨了。商鞅对他说，不要着急，你再给我引荐一次，我这次一定让孝公觉着我没问题。第三次见商鞅，秦孝公打起精神来，这一次商鞅说的话正中他的心坎。商鞅和秦孝公谈霸道，就是怎么样让国家变得强大，成为春秋五霸那样的君主。秦孝公听得很来劲,“其意欲用之”,但是商鞅说到兴头上卖个悬念,君王咱们下次再说。这次商鞅说了真话,他将真正想要做的事情跟秦孝公来了一个思想对对碰。

第四次秦孝公主动地召见商鞅。史书里面记载,这一次他俩相谈甚欢,“公与语,不自知膝之前于席也,语数日不厌”,秦孝公听着商鞅讲话,膝盖不断地往前移过去,使得两个人的膝盖几乎都碰到一起了,他们一连说了好几天。这种景象给我们留下了一个成语“促膝长谈”。

这是君臣之间真正深入的对话。商鞅由一开始跟秦孝公说神话,讲废话,实际上都是在试探他,试探这个青年人究竟只是凭着一时的热血,还是心里面有着坚定强国的信念,他是否能发现人才,是否有海涵之能。经过了两次的神话与废话的考验,第三次出现真话,第四次开始有了对话,这样两个年轻人的心就此相通,君臣之间辉映万物的火花就此碰撞成功。

当然光说服秦孝公,商鞅还不算是拿下了秦国的国政,接下来商鞅与那些对变法有疑虑的大臣(如甘龙、杜挚等)在秦孝公的殿前进行了一番大辩论。商鞅指出,“疑行无成,疑事无功”。不要总去怀疑自己做的事情能不能成,如果总怀疑不去做的话,那一定是不成。“愚者暗于成事,智者见于未萌。”愚昧的人看不清楚这些必成的事情,而那些睿智的人才能在事情刚刚出现踪迹的时候就找到应该寻找的道路。面对甘龙和杜挚对于他变法的挑战和质问,他指出“常人安于故俗,学者溺于所闻”,光听老学者是不行的,因为他们都有一个特点,就是保守、守旧、经验主义,要知道三代不同礼而王,五伯不同法而霸。我们如果去学习古礼，学习古法，我们到底去学习哪种礼？去学习五霸的哪条道路？他们的道路、礼仪都是不相同的，但是他们的成功都是一致的，给我们的启发就是成功只有因时因人而异。“运用之妙，存乎一心”。要找到自己适合的道路，不能只是学着古人的经验照搬它。

商鞅指出“治世不一道，便国不法古”，不要只盯着古代，要知道我们的时代、我们的国家、我们的君臣也有自己的治国方法，我们要走出自己的道路，而不要做古人的奴隶。这是商鞅的绝大气魄，而“治世不一道，便国不法古”也在未来的两千多年成为中国变法改革者的圣经。

三、变法强国之路

商鞅说服了秦孝公及一干大臣后，“王曰，善”。秦孝公决定进行变法。这可能是中国历史上最为关键的一个“善”字。

商鞅变法的主要措施按照时间来分的话，可以把它分成两次来看。商鞅变法的二十年时间里面，第一次变法是在公元前359年（很多的史书说是公元前356年，这里用历史学者最新的考证，公元前359年），主要措施是连坐法。然后，针对儒家实行烧诗书、明法令这样的办法，禁止民间群众性的私斗械斗。还实行小家庭制。小家庭制是这样说的，“民有二男以上不分异者，倍其赋”，家里有两个男丁，如果不分家，不成立各自的小家庭，这家庭的赋税要增加一倍。这种制度主要为了提高生产能力，让人民去开垦更多的土地。

商鞅制定了重农抑商政策。“勠力本业，耕织致粟帛多者复其身”，意思是农业做得好，土地产粮量高，生产出的纺织品多，可以免其赋。若是“事末利及怠而贫者”，如果只是贪图搞投机倒把的这种小买卖，或者有土地，但是懒于耕种，然后因此而致贫的，要“举以为收孥”，就要成为奴隶了，这就是一种重农抑商的表现。商鞅是中国历史上第一个系统地在国家制度层面上进行明确的重农抑商的政策制定者，从此之后这一政策影响了中国历史两千余年。

他设定了军功爵制，只有有军功的人才能够授予各种各样的爵位。当时的秦制是分成十八等爵（到了汉代的时候才出现了二十等爵），即使是宗室这种世袭的贵族中心，他们如果没有军功的话也不可能得到一个新的爵位，得不到尊敬。而且爵位体现在待遇里、服装上，以及田宅中。他们家里边能够享受到的“臣妾衣服”，都跟军功爵禄是有关系的，总之要达到“有功者显荣，无功者虽富无所芬华”这样的程度，全社会都要以是否有军功作为衡量一个人是否光荣、是否有价值的唯一的标志。通过这样六项措施，商鞅把民众的战斗情绪都给调动起来了。

通过第一次变法，商鞅改革了技术的层面，让秦国的民众充满了战斗力和战斗精神，同时内斗也在减少，达到了“安内”的效果，也可以去“击外”。

经过了十年，秦国变得越来越强大，变法越来越显成效，商鞅终于在公元前350年推行第二次变法。

第二次变法重点主要是两条，一条是设置县制，把全国分成三十一县，县置令、丞，把原来春秋战国时期临时设置的军事单位变成了一个明确的行政单位，破除分封制，而直接实行中央直接管治的制度。因为县的长官是由国君直接任命的，随时可以进行调配，这就加强了中央集权，加强了君主的权力，也加强了君主专制。

第二条就是经济上的废井田、开阡陌。原文是这样说的："为田开阡陌封疆，而赋税平。"也就是说土地制度与赋税制度一起进行变革，打破了过去的井田制，实行新的土地私有制。这是封建土地私有制度在中国历史上的初次建立。

可以看出来第二次变法虽然只有两条，但这两条都是非常深刻的。设县制是行政制度上的、基层的、底层逻辑上的变革。废井田、开阡陌更是土地制度上的一个根本性的变革。

这些变革都是为了一个字去服务的，就是"战"，而这个战又是需要一个字去体现的，就是"农"，所以商鞅这个时候提出"农战"策略。以农为战、聚农为战、为农而战、运农而战，农战的思想集中体现在他的重农抑商、废井田、开阡陌等措施上，这些都是贯穿了中国历史两千多年的思路。

以上是我们第一次对商鞅变法的内容、进行探讨，我们是按照时间给它进行的分类。可以看出商鞅变法的思路：先改革一些具体的内容、具体的小制度，再改革底层的、根基性的制度。

如果我们按领域去分析，商鞅变法可以分成政治的、经济的、军事的、社会的、文化的几大领域的内容。

政治方面，军功爵制和设置县制，这是两个非常非常关键的制度。军功爵制，增强战斗力；设置县制，增强中央的管理。

经济上废井田开阡陌、重农抑商，这也是非常重要的。废井田开阡陌，保证了土地和生产力之间关系的重新确立，生产关系的改革促进了生产力的发展。重农抑商的政策更加保障农民的利益，同时也保证国家的利益。

军事上的军功爵制的重要性就不用多说了。

除此以外，社会的管制在不断地加强，比如连坐法、小家庭制、禁止私斗，都是对于社会管制的加强。

文化上烧诗书（燔诗书）、明法令，用法家的思想去代替儒家的思想，“诗”“书”都是儒家的东西，儒家在那个年代代表了教育，“书”代表的是先王的政治制度，“诗”代表的是民间对于政治的反馈、讽刺和讽谏，它们都跟政治有关，把它们烧掉实际上是表明一种不要议论政治，政治只有一个核心——国家政府的政令，这样的一种态度。

如果我们再换一种思维方式，按照性质去分析商鞅变法的话，又可以分为破旧之法与立新之法。例如废井田是破旧，燔诗书是破旧，冲击或者废除世卿世禄制也是破旧（商鞅变法实行了军功爵制，实际上就是在冲击废除世卿世禄制）。而连坐法、小家庭、军功爵制、设置县制、重农抑商、开阡陌等都是立新的制度。

变法变革的“变”字本身就既是破旧，又是立新。当然商鞅很多的立新之法是从原来秦国的措施里面去进行的发展，例如连坐法，秦国原来就有，只不过商鞅把它变成了一个很规范的制度，加强了连坐法的运用。有一些变法和改革在其他的六国

(“东方六国”“山东六国”)中已经有所实行,商鞅把它们挪到了秦国,并且加以改造。

商鞅变法是一个很复杂的体系,它并不是商鞅拍着脑门进行的设想,而是商鞅尊重了秦国的传统,了解了秦国的成法,借鉴了六国行之有效的变革的思路,尤其是魏国的变革的思路而建立的系统工程。魏国是战国时期变法的先驱,李悝变法有着良好的影响,而商鞅正是来自于这样的魏国,他把魏国的措施加以改进,让地少人多的魏国的措施适应了人少地多的秦国,可以说这是一种在继承传统之上的推陈出新的创造,商鞅在这点上是成功的,当然商鞅也有其不够成功的一些点,我们在接下来的章节中继续讨论。

四、信与不信

《资治通鉴》里面提到商鞅变法的时候有这几个片段是非常需要加以注意的。其中一个就是讨论“信与不信”,它的核心就是信任一词的运用。

商鞅刚开始变法的时候怕大家不信,所以他搞了一个很著名的行为艺术,叫作徙木立信。他派人把一个三丈高的大木头立于国都市南门,然后跟大家说,如果有人能够把它移到北门去,就给十金。这是天价财富,民众都觉得好奇怪,做这么简单的事情就能赚十金吗?大家都在观望。《资治通鉴》里说“民怪之,莫敢徙”。然后商鞅再把奖金一提,“能徙者予五十金”。这时有一个人就说,我哪怕被人笑话,哪怕他不给我五十金,我也没有付太多的汗水，我就先试一试。然后他把这根木头从南门挪到了北门，大家都等着看他笑话，结果他刚将木头挪过去商鞅立马给他五十金，民众就知道这个商鞅真是说话算话的人。于是商鞅用立信的效果推动了变法。

等到变法实行一年左右的时候，秦国有很多民众开始说新法有多么不方便，《资治通鉴》上说是逾千数。后来太子也犯了法，商鞅说："法之不行，自上犯之。太子，君嗣也，不可施刑。"意思是说，法令不好推行是因为从上层就有人冒犯，"上有所好下必甚焉"，这样下层人也不会尊重法度，但是太子是储君，不能对他用刑，但是要对那些教唆太子犯法的人用刑，然后就把太子的师傅公子虔、公孙贾都给脸上刺字，这下秦人都觉着商鞅是来真格的，大家就都遵守他的法令了。

在行法十年之后，秦国达到了一个新的境界，《资治通鉴》里面这样说："道不拾遗，山无盗贼，民勇于公战，怯于私斗，乡邑大治。秦民初言令不便者，有来言令便。"这时也有一个新的现象，那些一开始抨击新法的人到商鞅面前颂扬新法。结果商鞅说了句"此皆乱法之民也！"不管是一开始抨击的也好，还是后来赞扬法令者也好，都在评价法律，而法律是不允许评价的，因为只要评价他就有可能乱法，商鞅认为这些人都是乱法之民，于是就把他们发配到边疆去。这个事之后，"民莫敢议令"。这就是商鞅的一个果决之处，令行禁止，威严肃杀。

《资治通鉴》与《史记》关于此事的记载有一个小小的不同，《史记》作于前，《通鉴》写于后，《史记·商鞅列传》里面说的是"此皆乱化之民也"，《通鉴》讲此"皆乱法之民也"，"乱化"和

"乱法"一字之差。《通鉴》里面直接把法字给点出了,指出法不可议论的观点;而《史记》里面说的是乱化,化是化俗的意思,就是说议论法律,对于法的施行和认识是不合适的。从这样的一字之转里面我们可以看到,司马迁与司马光之间对于此事认识的不同。

司马光更强调"法"的本质。司马光在这一段文字之后有了一段著名的点评——臣光曰。"夫信者,人君之大宝也。"说信是国君最根本的东西,"国保于民,民保于信。非信无以使民,非民无以守国,是故古之王者不欺四海,霸者不欺四邻,善为国者不欺其民,善为家者不欺其亲。不善者反之:欺其邻国,欺其百姓,甚者欺其兄弟,欺其父子,上不信下,下不信上,上下离心,以至于败。"说的就是信对于国家,对于治国的重要性。之后他举例:"昔齐桓公不背曹沫之盟,晋文公不贪伐原之力,魏文侯不弃虞人之期,秦孝公不废徙木之赏。"他把秦孝公不废徙木之赏跟这几位霸主级的人物相并立,"此四君者,道非粹白,而商君尤称刻薄,又处战功之世,天下趋于诈力,犹且不敢忘信以畜其民,况为四海治平之政者哉"。他说,齐桓公、晋文公、魏文侯、秦孝公这四个国君本身就不是一种纯粹的好人,商鞅虽用徙木立信,实际上商鞅是被太史公称为非常刻薄的人,而且又是战乱之世,大家对于欺诈都觉得没有什么问题,对于暴力都觉得有力量就可以,但是他们依然是不敢忘"信",不敢去欺骗他们的民众,这尤其是要为君王所了解的,为君王所继承的。所以他对宋朝皇帝就提出了这样的忠告,"信是人君大宝"。商鞅变法里面提出这一点,我们觉得还是很有意思的。

紧接着《通鉴》就记载了商鞅“不信”的事情。商鞅变法之后他就带兵去伐他的老东家魏国，魏国让“公子卬将而御之”，公子卬是商鞅的好朋友，两军对垒前商鞅就给公子卬写了一封信，说我一开始跟你的交情很好，虽然现在我们分别是两国的战前之将，但是我不忍攻击你，所以我们能不能明天见面，先聊一聊聚一聚？见面结个盟，然后我们“乐饮而罢兵，以安秦魏之民”。公子卬觉着以他跟商鞅的交情，这件事情完全可行，便亲自来与商鞅相会，然后结了盟，喝了酒，这 切都按照原本的计划进行，但是最后公子卬没有意料到商鞅另有计划。商鞅早就已经埋伏好了士兵，把公子卬给俘虏了，然后在魏国群龙无首的情况之下，进攻魏师，大破之。这种情况可以说是“无信”。

魏惠王为了跟秦国求和，把河西之地都给了秦，还把国都从安邑迁到了大梁，感慨道：“吾恨不用公叔之言。”当年，商鞅的伯乐在去世之前曾经跟魏惠王说过，说商鞅这个人（当时还叫卫鞅）你如果要用他就重用，不用他就一定要杀了他，千万不能让他被别人所用，但是当时魏惠王根本就没有理会，放商鞅走了，现在他后悔了。因为这件功劳，秦封卫鞅商於十五邑，号曰商君，从此有了商鞅这个称呼。商是他的封地，而他的封号就来自于他的“不信”。

这是《资治通鉴》对于商鞅的记述，与徙木立信形成了鲜明的对比，突出了他一个“渣”字。

在《史记》和《通鉴》里面还有这样的一段记录，是赵良与商鞅的对话。商鞅在秦国执政以后因为用法太严酷了，“尝临渭论囚，渭水尽赤”。在渭水边上杀那些犯法的人，把渭水都染红了。他掌政这十年,有很多人怨恨他,这时赵良跟商鞅说了实话。商鞅很得意地问赵良,我比起秦国之前的那些贤相怎么样?比起百里奚来怎么样?赵良说,你哪比得了,你出门"后车载甲,多力而骈胁者为骖乘",你出来风风光光,但是前后都跟着保卫者,你身边如果没有保镖是根本不敢出门的,因为你知道大家都恨你,《尚书》里就说过"恃德者昌,恃力者亡",你就是恃力者,你凭借这样一种力,最后还是要失败的。"君之危若朝露,而尚贪商於之富,宠秦国之政,畜百姓之怨,秦国之所以收君者岂其微哉",你今天已经很危险了,最好赶紧放下眼前的富贵和权势,归隐吧。你现在在积蓄秦民对你的怨气,一旦秦王出现什么变故,或者是换了国君,你就惨了。商鞅没有听他的,五个月以后,秦孝公去世,即位的国君把商鞅车裂。"居五月而难作",可以看到商鞅最后的下场是很不好的。司马光为什么做这样的记载,因为《通鉴》里面有它的引导,认为商鞅这种靠力去服人,靠利去诱人,虽然能够迅速地强大,但一定是不持久的,祸弊极其深的。

赵良见商鞅之后不久,《通鉴》记录下另一件事。邹人孟轲(孟子)见魏惠王,然后"王曰:叟不远千里而来,亦有以利吾国乎?"(老人家不远千里而来,有什么对于我国有利的事可谈的吗?你看我都已经被打成这样了。)"孟子曰:君何必曰利,仁义而已矣。"(我们不谈利,要谈仁义。)"君曰何以利吾国,大夫曰何以利吾家,士庶人曰何以利吾身,上下交征利而国危矣,未有仁而遗其亲者也,未有义而后其君者也。王曰:善。"

魏惠王跟孟子之间的对话,就是著名的儒家议题:义利之辩。而司马光作为一个儒者去写史书,他也是秉承着这种仁义为先而后利的态度,通过他在商鞅被杀之后马上记述孟子谏魏惠王的这样的一个记述,我们可以看到他的取舍和倾向。

五、强国弱民

在前一章节我们对商鞅的变法进行了三次分类,第一次按照时间去分类,第二次是按领域分类,第三次是按照性质分为破旧之法和立新之法。这些分类都很好,但是需要指出的是它们实际上也都属于一种分类,即我们作为学习者在两千多年以后,站在商鞅变法之外对于商鞅变法的一个打量。那么我们能不能换一下身份,真正地站在历史之中,站在商鞅的位置上,以商鞅的身份去思考,他是如何制定出这样的一套强国之道?

商鞅有一个著名的强国公式,它记载在《商君书·弱民》里:"民弱国强,民强国弱,有道之国,务在弱民。"如何实现强国,"民弱国强",通过弱民实现国强,在商鞅看国与民是一个此消彼长的状态,民和国,是弱民以强国,是民为国输送营养,是一个典型的"民—国"二元对立的一种思路,这是商鞅变法的顶层设计。

我们可以去尝试一下以这样的思路去审视商鞅变法,哪些是强国之法,哪些是弱民之法。例如军功爵制,它一定是一个强国之法,通过唤起民众杀敌立军功的热情,换取爵位的利诱,达到强国的目的;重农抑商是一个强国之法,但它里面也有弱民的成分,抑商便是弱了商人,另外重农虽是重视农业,重视农民,但是并不代表着农民过得很幸福，实际上农民在国家的重压之下，他们的一生是没有自由的，只能是务农，很难去转向其他工作，也很难有别样的选择，他们被钉在了土地之上，为国务农；废井田、开阡陌是一个强国之法，小家庭制也是一个强国之法，但它让更多的家庭去耕种更多的土地，提高土地的使用面积，与此同时它也是并不尊重大家族的弱民之法，它削弱了一个一个大家族，让家族没有办法达到反抗政府的力量；郡县制也是一个典型的强国之法，与此同时它也是一个弱民之道，弱化的是那些原来分封的宗亲，通过郡县制，地方的官员变弱了，而中央变得强大了。哪些是典型的弱民之法？比如说连坐法、小家庭制度对民众的控制；比如说燔诗书制造了一个顺民的国度。

强国之法和弱民之法我们可以简单地进行分类，但是我们会发现，在强国之法中透着弱民，在弱民之道中透着强国，很多措施里强国弱民是一体的。

毋庸置疑，所有的这些变法都指向了“强国弱民”这样统一的顶层设计理念，通过这样的顶层设计我们可推断出商鞅变法的目的，他想打造一个没有文化、不会思考、不顾亲情、只顾利益、致力耕战、远离学商的民众的社会状态。在这样的社会状态之下百姓质朴而驯顺，在官府面前驯顺如牛羊，在敌人面前勇猛如虎狼，这是一个政府的理想国度，但这又是百姓多么无奈的国度。

六、历史镜头下的变法

我们把目光拉出一个长镜头，把镜头往前推十年、二十年、百年、一百三十年、一百五十年，再推到两百多年、两千多年，我们来看一看商鞅变法它在不同时段里带来不同的影响。

商鞅变法之后的十年有这样的一个情况，“秦民大悦，道不拾遗，山无盗贼，家给人足”，这是秦民的一个基本的想法。但赵良也说，“商君相秦十年，是不以百姓为事”，不顾百姓的利益，所以“秦俗日败，不同于禽兽者无几”。民众也都渐渐地变成了商鞅所希望的那样，在敌人面前如虎狼，在政府面前如羔羊。社会风俗败落，社会道德沦丧，父子之间、夫妻之间、朋友之间、邻里之间相互敌视，相互提防，相互计较利益，可以说他们已经道德沦丧，但却变得富强起来，在整个的中国闯出了响当当的名头，“天子致胙于孝公，诸侯毕贺”。秦孝公终于一雪前耻，得到了周天子和其他诸侯国对秦国力量和地位的肯定，而商鞅也得到了功名利禄，同时“宗室贵戚多怨望者”，也隐含着他日后遭人迫害的隐患。我们从变法十年之中以不同的角度去审视秦民不同的样貌，比如说秦民有大悦的时候，有怨望的时候，有成禽兽的时候，有富强的时候，这都是不同的角度，也都是秦民的样貌，那么商鞅如何？秦孝公要秦国如何？他们目的都是不一样的。

商鞅变法之后二十年，公元前 338 年，车裂商君，“遂灭商君之家”。商鞅以及他的家族被灭掉了。

商鞅变法之后一百年,大约是长平之战的这一年。在长平之战中,秦军白起坑赵降卒四十万,但是秦卒死者过半,国内空。公元前256年,商鞅变法之后整整的一百年,秦昭襄王灭周,迁九鼎于咸阳,这里我们可以看到商鞅变法之后百年,秦国的强大,同时也带来了秦族的死伤和牺牲。

商鞅变法之后一百三十年,公元前221年,六王毕,四海一,秦始皇统一中国。“却匈奴七百余里,胡人不敢南下而牧马,士不敢弯弓而抱怨。”中国在秦的一统之下变得空前的强大。春秋时期有个词叫“不绝如缕”或者叫“不绝若线”,当时华夏民族在蛮夷戎狄的围攻之下形势已经岌岌可危,齐桓公作为霸主崛起,把我们的华夏族进行了中兴。到秦朝,不仅将周围的蛮夷戎狄融入到华夏族之中来,而且面对更强大对手匈奴也是战无不胜,打得他们不敢南下而牧马,所以说秦国统一后变得更加的强大,不仅完成了周秦之际的改朝换代,也完成了从不绝如缕到意气风发的变化。

商鞅变法之后一百五十年,公元206年,刘邦进咸阳灭掉秦朝,刘邦进入咸阳与秦咸阳民众约法三章,“秦人大喜,争持牛羊酒食献飨军士”。秦民从变法十年之后的大悦,再到这一次咸阳民众见刘邦的大喜,我们可以从中读到民众已经苦秦久矣,已经苦商鞅之法久矣。这时,“山东豪俊遂并起而亡秦族矣”,秦王宫被毁,王室也已经被灭族了,“一夫作难而七庙隳,身死人手,为天下笑”。

随着历史的镜头不断往前推,在一百五十年左右的维度里面,我们可以总结出四个视角:商鞅、秦民、秦国、天下。这是百年的视角。商鞅一开始获得了权势富贵，到最后被车裂灭家；秦民一开始改变了命运，但是社会堕落成了虎狼之国；秦国一开始国富兵强，称雄天下，但到最后秦朝统治短暂，秦族亡族；天下一开始因秦而统一而走向强盛，打得胡人不敢南下而牧马，士不敢弯弓而抱怨，但法家的苛政，君主的专制也影响了天下未来两千多年的走向。

我们继续把镜头往前推，商鞅变法之后二百二十五年，也就是公元前 134 年，汉武帝罢黜百家，独尊儒术，曾经被商鞅打压的儒家重新崛起，曾经烧诗书明法令，到汉朝时诗书又重新被尊重起来，汉武帝通过这样的方式在思想上一统中国，他做到了秦始皇想做但没能做到的事。始皇想要通过焚书坑儒达到一种思想的真空，而汉武帝决定给民众一个思想独尊，最后秦始皇失败了而汉武帝成功了，成功的这一套不是法家学说而是儒家学说。当然此时的儒家学说是儒术并非纯正的儒学，它里面已经蕴含了很多道家、法家、阴阳家的内容。

商鞅变法之后的三百年左右，汉宣帝说出了一句帝王之道的经典话语，“汉家自有制度，本以霸王道杂之”，“霸道”指的就是法家之术，“王道”指的就是儒家之道，“霸王道杂之”指不单纯用儒家为德政，而是儒法结合，霸王道杂用。这样的一个治国思路之后被千古以来的帝王所传承。

商鞅变法之后两千年左右，毛泽东写诗说“百代都行秦政法”，肯定了商鞅变法对这两千多年、上百代王朝的重要影响和意义。

当我们把历史的镜头摇到千年的视角的时候，可以看到商鞅变法对于中国综合的影响在于它的制度创设的成功。“商鞅虽死,秦法未废”,法是指在军功爵制基础之上建构起来的“官僚制度”。官僚制度是专业的人去做专业的事情,是一种聘任制而不是原来的血脉宗族制。宗族制是家族的人、尊贵的人去治理国家,而官僚制度是由有能力的人去治理国家。官僚制度的效率远远比世卿世禄制要高得多,这个制度创设是中国两千多年来最大的最核心的贡献之一。

商鞅变法的最大的问题是强国弱民、兵强民弱,最后导致“有见于国,无见于人”,而当只有国没有人的时候,人最终也就成为国的反面。

司马迁曾经说秦国能够一统天下“盖若天所助也”(好像是老天在帮助它一样)。因为秦一开始的“国设”是不太可能统一天下的,它是怎么通过商鞅变法之后渐渐地达到一统天下的结果呢?这是司马迁之问。我们今天用阎步克先生的一段话去进行回应:“经由军国主义道路的专制官僚制度,在秦国获得了重大成功,法制、军制、田制、税制等等之改革皆始于山东,而最终收成于秦,这自非偶然。”阎步克先生认为这不是“天所助焉”,不是偶然的。“秦国相对独特的历史传统与社会风貌,诸如其早期君权的强大,其民风的驯朴勇悍、其礼乐传统之淡漠、其封建制和宗法制的薄弱,都为商、韩法治学说之贯彻,提供了沃土,由其所孕育出来的强大军事专制官僚政权,山东列国难以抗衡。最终,秦政告别了周政,并以‘六王毕,四海一’划定了一个时代的结束。”所以我们从历史的角度上看,商鞅变法在秦国取得成功是有它深厚的根源和它高度的合理性的。秦之沃土与商鞅之奇才放在一起成为千古的奇遇,制造了秦之胜利。

阎步克先生进一步论述,秦之胜在于官僚制度的建立。政治行政中所体现出来的这种秩序和强权,就像一个巨大的运转中的高度精密的官僚机器,本身就是最高的目的。在这种秩序崇拜权力哲学之中吏员不过是官僚机器的齿轮与螺钉,民众不过是人格化的力役和赋税,是国家机器的能量块,他们仅仅在数量和功能上具有意义,也就是说他们只有在被管理的价值上最有意义。商鞅的制度成就确实达到了一种片面的深刻,而这种片面性很可能既是此后秦帝国成功的重要原因,也是其失败的重要原因。片面地推行这样一种趋于人格化的强国之术,完全把人视为螺钉的官僚制度,把王朝推到了一种极致,既可以在短时间内爆发出极大的能量,但是"飘风不终朝,骤雨不终日,"它也会很快地走向灭亡。

制度由为人服务到制度本身成为一个目的。商鞅变法之后,这一套官僚制度,似乎在不断地奴役着中国的民众,也在奴役着整个中国的历代的王朝。这套官僚制度本身是不变的,而当它需要变化的时候便让王朝更新换代,以制度维持稳定,所以人从此之后成为庞大制度的奴隶,这是不是一种悲哀呢?这种行政的专业化造成了人的异化,也是社会的强大对人造成的一种束缚,看起来强大的王朝远不是一种更为强大的制度的对手,而王朝的存在只为了制度而服务,这是我们对于商鞅变法的一个透视,这也是商鞅变法的魔力之所系。

章太炎先生在《国故论衡·原道下》中对于商鞅其实推崇

备至，但是也指出商鞅变法的很多问题，比如说“今无慈惠廉爱，则民为虎狼也；无文学，则士为牛马也。有虎狼之民、牛马之士，国虽治，政虽理，其民不人。世之有人也，固先于国，且建国以为人乎？且将人者为国之虚名役也？……有见于国，无见于人，有见于群，无见于孑。”他这里面指出的“其民不人”“有见于国，无见于人”是历史的响亮的叩问，将人与国对立起来，人为制度所奴役，这种异化的效果终究不能长久。

中国历史自周以来陷入了五百余年的混乱纷争，为了结束混乱与纷争，各名士都力图找出中国在五百年混乱后新的方向、新的时代路径。最终分化整合成两个途径，春秋时期孔子以恢复周政作为一个目的，恢复礼和义注入仁作为强心剂，这是一种复古之途，也是儒家之道。而到了战国时期，商鞅直面混乱的现实，他推行秦政，革新周政，以法导国，以利诱民，“以力去合一天下”。可是不论是孔子的“复古之道”，还是商鞅的“为我之道”到最后都失败了，都没有长久地一统中国，稳定天下，让民众远离祸患，让国家安居乐业。到了汉代，汉宣帝所喊出的那句“霸王道杂之”，才真真正正叩响了未来两千余年中国君主恪守的君民之道。汉制是在周政与秦政基础上达成了新的国与民的平衡，这就是千年之中乾坤变革的历史选择。在历史选择之中，商鞅变法和商鞅本人扮演着重要的角色。

最后当我们回顾《云梦睡虎地秦简》中《黑夫家书》的脉脉温情，当我们去读《商君书·画策》里商鞅对于国家虎狼之性的描绘，会看到社会的人、被制度异化的人、被国作为能量块的人和真正的人性的人、天然的人、温存的人之间的转化，也会看到社会的人与人性的人之间的战斗，以及秦制与人性之间的磨合、对峙。这场战事真的已经坚持了两千多年，而未来又不知道还要持续多久，但在这封出土自1975年的两千余年前的家书之中我们似乎看到了人性的胜利曙光。

张骞通西域

张骞通西域的故事见于《资治通鉴》元朔三年，是对于张骞通西域的回溯追忆，张骞通西域的故事最早记载在《史记·大宛列传》中，《汉书》中专门有张骞的传记，讲述得更为清晰一些。

一、匈奴强大

讲述张骞通西域，就不得不说一个中国北方的少数民族——匈奴。匈奴这个民族可能很早就已经存在于中国历史之中，只是它的名称发生过变化。有学者认为中国古代的猃狁、北戎、鬼戎可能都与匈奴有关系，司马迁的《史记》之中还专门为匈奴立了传，认为“匈奴，其先祖夏后氏之苗裔也”，匈奴不是外人，也是中华民族的一分子。但是他们的生活习俗跟我们不一样，中原地区的家畜都是狗、鸡一类，匈奴则是马背上的民族，牲畜主要是马、牛、羊，而且他们逐水草而居，过着游牧的生活。相对于中原的农耕文明，匈奴的发展是稍显落后的。

战国末期，匈奴逐渐强大起来，特别是冒顿单于时期。匈奴强大起来之后，数次侵扰中原王朝北方的边境地区。所以司马迁直接在史书中记载，匈奴"急则人习战攻以侵伐，其天性也"，将这种好勇斗狠的性格归结为匈奴的天性。由于史料记载的有限，匈奴的族源、制度等并不是特别清晰。简而言之，匈奴是一个军事和政治相结合的组织，他们的最高首领是单于。单于下面设有左贤王、右贤王等。单于和左贤王、右贤王之下又分好多的王，他们相当于是把整个的中国的北方分为了好几个大部分，但实际上是一个统一的匈奴部落。伴随着考古发掘，越来越多的战国末期、秦汉早期的文物的出土，也让我们更多地去了解匈奴这个少数民族。

现藏于内蒙古博物院的鹰顶金冠饰"匈奴王冠"，学者推测是匈奴的某个王的遗物。金冠的制作也是非常精美，不仅有像虎形的凶猛野兽的纹饰，在头顶还有一只雄鹰。

匈奴的装饰纹饰多用动物花纹来装饰，跟中原的文化差别巨大。"四虎噬牛纹金饰牌"，雕刻有四只老虎，老虎咬住了一头牛，而这个牛的两角都已经穿透了其中两只老虎的耳朵，图样非常生动，展示了匈奴人的民族特性——勇猛善战。陕西历史博物馆的镇馆之宝——"神兽金饰"，所展现的动物看上去很可爱，但实际上它是一个很凶猛的野兽，长着弯弯的喙，是由多种动物拼凑起来的。

匈奴的首领中最为有名的莫过于秦汉之际的冒顿单于。冒顿单于为了挑选忠于自己的骑兵，发明了一种叫鸣镝的箭头，他首先就拿鸣镝射自己最心爱的妃子，有些士兵就不敢射，这些士兵便被杀掉。在训练后，冒顿单于知道这些人可以为己所用，竟然将鸣镝射向了自己的父亲，取而代之，杀父自立。可见，冒顿单于是一个非常凶狠且有手段的人。

冒顿单于当政期间数次南下，给中原王朝的边境造成很大的隐患，战国时期燕、赵纷纷修建长城，抵御匈奴。秦统一天下后，为了抵御匈奴的入侵，将原来的燕赵长城保留下来，并且新筑了一段，即我们现在所见到的秦长城，而且派蒙恬三十万大军驻守。就算是一统天下的秦王朝也要对匈奴畏惧三分。秦长城不像我们现在见到的八达岭的明长城一样雄伟。现存城固的秦长城，比较低矮，主要为了防住匈奴的骑兵，但秦灭亡不久，匈奴再次南下入侵骚扰汉朝。

二、汉初凋敝

秦灭亡之后汉取而代之。汉朝建立之初，因为经历了几年的战争，民生凋敝，人口锐减，土地荒芜。汉高祖刘邦专门实行“罢兵归田”“释放奴婢”等一系列加强经济恢复的措施，但匈奴也趁着汉朝新立、国力衰弱，时时骚扰。

早期也想对匈奴采取一些强硬措施，但是汉初的国力却并不允许。公元前 200 年，韩王信勾结匈奴，刘邦亲率大军，原本想打匈奴和韩王信一个措手不及，结果却被匈奴围在了白登山上，这就是历史上有名的白登山之围。

这一役也使刘邦认识到，现在汉军事实力是无法和匈奴展开大规模战争的。匈奴问题也不是一两次的战争就可以解决的。在这种情况下，汉朝采取了和亲的方式，将公主嫁给匈奴，以求得和平。

汉的示好却换来匈奴越发地膨胀，屡屡犯边。公元前 192 年，吕后当政，冒顿单于专门写了一封书信来羞辱吕后。吕后看完勃然大怒，想要去攻打匈奴，最后被群臣劝住。汉文帝时期，匈奴右贤王入侵河南地。史书所记载的河南地在黄河以南，也就是现在的甘肃、宁夏这片土地，所以说匈奴的势力范围也是非常之广。冒顿单于在汉文帝时期就去世了，继位的是他的儿子老上单于，但是匈奴入侵却没有停止。汉景帝时期，三月匈奴入雁门，"太守冯敬与战死"，一郡的太守都战死了。到了汉武帝时期，伴随国力强盛，汉武帝想把匈奴问题彻底解决。这时候我们的主角张骞出场了。

张骞出使西域的过程中，匈奴依然屡屡犯边。公元前 127 年，匈奴"入上谷、渔阳，杀略吏民千余人"；公元前 126 年，张骞回来之后，匈奴还入代郡、定襄，杀掠数千人。汉武帝一改之前汉朝和亲的政策，想通过武力解决匈奴问题，而在这时张骞的故事也就正式要展开了。

汉武帝时期，形势和汉初有非常大的变化。汉武帝时期，经济已经得到了恢复和发展，特别是经历了文景之治，国内本身所存在的问题大多都已经解决了，加上钱也多了，粮也多了，汉武帝就想着要和匈奴真刀真枪地干，用武力的方式来解决匈奴问题。这一时期的匈奴和汉朝之间的摩擦也开始增多。

一个非常偶然的机会，汉庭抓到了一个匈奴的俘虏，这个俘虏说，在敦煌和祁连之间有一个强国叫大月氏，大月氏和匈奴打了几次战争,最终战败。大月氏王的头颅被匈奴的单于拿去做成了饮酒器,可谓是国灭。国灭之后,以前的大月氏的老百姓四散而逃。同时大月氏的国民非常痛恨匈奴,想复仇但是无能为力。汉武帝听了这个消息,认为如果汉朝能找到几个帮手共同打击匈奴,胜率会大大提高。汉武帝下令招募人出使已经迁走的大月氏,联络大月氏一起来夹击匈奴。这时,张骞自告奋勇前往,他带着几百号人,以及一个随从和一个护卫(汉族军事将领)出发了。

张骞是汉中城固人,现在大家依然能够见得到张骞的墓。二十世纪在清理张骞墓的过程中,发现一个封泥,封泥上有"博望侯"的字样,也就正好能够说明这是张骞的墓,也能够说明张骞曾经被封为博望侯。

三、张骞第一次出使

张骞从长安率着几百号随从浩浩荡荡地出发了。现在我们在西安还能见到一个雕塑,雕塑上的张骞举着汉节意气风发,旁边跟着一个军事将领,甘夫。甘夫是一个胡人,说明了汉朝和匈奴在交战的过程中,虽然两个政权互为敌国,但两个民族也在战争中逐渐融合。

没想到刚刚走到陇西这个地方,踏入匈奴的领地,张骞就被匈奴逮捕。因为当时整个河西走廊,包括敦煌地区还都不是汉所能够统治的区域,而是匈奴的领地。匈奴逮到张骞就把他押往了单于庭。关于单于庭的所在地众说纷纭,最新考古发现,龙城（当时单于庭的地址）大概在现在内蒙古的燕然山一带，有人说当时的张骞就被押往了龙城，但也有人说张骞实际上被押到了更远的地方，已经到了狼居胥山了，具体情形我们无法去探究。

张骞被押往单于庭之后，单于质问张骞：你为什么要去出使大月氏？月氏在我北边，你越过我去联络他们，是想干什么？我要是越过汉国，去联络南方的越，来攻打你们，你认为如何？

于是将张骞扣押在了单于庭。这一扣就是十余年的时间。为了让张骞不动歪心思，还给他娶了一个胡妻。《汉书》中就有记载，说"留骞十余岁，予妻，有子"，他还生了一儿子，但是张骞"持汉节不失"，他始终没有忘记自己是大汉子民，也没有忘记自己是大汉的使者。汉节在汉王朝是使节的象征，也象征汉王朝中原王朝的地位。我们在《武梁祠》汉画像石中能见得到汉节。张骞留在匈奴十余年的时间，有妻子、有孩子，但是他始终没忘自己的使命，可能也是这么多年了，匈奴认为张骞已经忘了他的使命，对他的看管也就稍微放松了一些，结果张骞抓住了机会，带着自己的随从、妻子以及堂邑氏胡奴甘父一起逃了出来。

张骞逃出来，没有返回长安，他想到的是继续去完成汉武帝交给他的历史使命，他继续向西进发，寻找大月氏这个王国，想联络大月氏一起来夹攻匈奴。

张骞从单于庭出来，一路向西，跋涉了非常远的路程，历经了千辛万苦，最终到达了一个西域国家——大宛。

张骞后来回忆说，他到了大宛、乌孙等地，在那里看到了来自于蜀的布以及产自于西南的一些物产。他问当地人这些东西是从哪来的？当地人回答说是从印度贩卖来的。这些物品从印度一直卖到了中亚地区，当时的丝绸之路还未通，进口中原的东西主要是靠西南地区，从印度转到中亚。

张骞向大宛国王表明了来意，表示他想联络大月氏来一起攻打匈奴。大宛早就听说过汉朝的富饶，加之张骞跟大宛的国王说，如果他能够返回汉朝，汉朝必定会给大宛丰厚的礼物。大宛国王非常高兴，这可是建立和汉联系的好机会。于是，大宛的国王告诉张骞，大月氏在大宛的西南方，并将张骞向西送到了康居，然后再由康居转而来到了大月氏。而这时候的大月氏已与当年不同，在这一个地区还是强国，他们战胜了当地的另外一个小国叫大夏，大月氏的王室也是在大夏。张骞来到了大夏后，见到了大月氏王，大月氏王表示不思祁连山故地，拒绝与汉朝一起夹击匈奴的请求，张骞没办法，只能打道回府。张骞这一次出行并没有完成汉武帝给他的使命。在回去的路上，走了截然不同的一条道路，并不是沿着原来的天山南路，而是沿着昆仑山的北路。

大月氏这个国家我们现在也无从可考。在乌兹别克斯坦曾发现一个古墓，据说是大月氏的文化，其中物品能够体现出来当时国家所发生的一系列的变迁。

张骞为了防止再被匈奴逮到，打算是借道走羌道回长安，但没想到又被匈奴人抓住了，只不过这次抓住时间不长，匈奴就爆发了内乱，张骞趁乱带着堂邑氏胡奴甘父，以及他的随从、子女家属返回了长安。这也就是张骞第一次出使西域所走的道路。

张骞第一次出使西域，并没有完成自己的使命，而且出使的时间长达十余年。在此期间，汉武帝发动了数次与匈奴的战争，解决汉匈之间的矛盾，还是要靠汉武帝用真刀真枪来解决。

四、霍去病北征

讲到汉匈战争，就不得不讲到另外的一个非常重要的人物——霍去病。现在在长安依然能够见到霍去病的墓，霍去病墓前有一个非常有名的汉代雕像《马踏匈奴》，它是汉代石雕的艺术精品。高大健硕的一匹马脚下踏着一个匈奴，也预示着汉朝对匈奴战争的胜利。

汉武帝对匈奴的战争主要是通过三次大规模战役来解决的。这三次战役之间也有一些其他的小型战争，只不过这三次是起到决定性作用的。

第一次发生在公元前 127 年。其实这次战役发生于张骞刚刚出使西域不久，在这次战役中，汉武帝收复了河南地。河南地距离长安特别近，是黄河以南的一片地区。这场战役之中，汉武帝派遣卫青和李息出云中向西绕过了河套平原，把匈奴围困在了河南地，收复并剿灭了河南地的匈奴势力。

第二次战役控制河西走廊。河西走廊长时间被匈奴所把持。在这一次战役中，我们的主人公张骞再一次登场，只不过在这次战役中主角不是张骞，而是年轻小将霍去病，以及另外一位将军，叫公孙敖。公孙敖是从正面出陇西进攻河西走廊的匈奴，而霍去病则非常大胆，他直接绕到了居延，来到了河西走廊的另一端，夹击匈奴，通过这场战役，匈奴被驱逐出了河西走廊地区。

在这次战役之后,汉武帝为了保卫河西走廊,修建了长城。张骞在这次战役中没有发挥好,被夺去了爵位,废为庶人。

第三次是最为重要和关键的一次战役,也是汉王朝和匈奴的战略大决战。在这次战役中,著名的将领李广自杀。当时汉朝军队兵分两路,第一路由卫青所带领,卫青在进攻的途中抓到了一个匈奴,打听到了匈奴的单于可能现在就在赵信城,燕然山附近,卫青便快马快鞭,一直向北进发,打下了赵信城,但是却没有见到匈奴的主力部队。

而霍去病走了另外一条路,一直向北,打到了被匈奴人奉为神山的狼居胥山,甚至向北打到了贝加尔湖畔,战胜了匈奴的主力。在这次战役之后,霍去病为了纪念这场大胜,在狼居胥山举行了盛大的封禅典礼。封禅其实不是一般人能进行的,霍去病虽然不是帝王,竟然也进行了封禅的仪式,这就是历史上的封狼居胥。

第二次战役收复河西走廊之后,汉武帝在河西走廊地区修建了长城,也就是现在在甘肃境内所见到的汉长城。整个河西走廊纳入了汉王朝的统治之下,这也开始了汉王朝对于西域的经营。

除了长城,汉武帝还修建了两个非常重要且有名的关隘——玉门关和阳关,另外在整个河西走廊地区,设置了四个郡:敦煌郡、酒泉郡、张掖郡和武威郡,即"河西四郡"。我们现在依然能够看到玉门关和阳关的遗址,感受当年汉王朝在河西走廊的统治。除了长城、阳关、玉门关,汉武帝实际上修订了一套完整的防御体系,除了关隘,还有烽燧、要塞等等。这些地方也有大量考古成果出现。在居延有重要的考古遗址——甲渠塞,在它稍靠南的地方,还有一个肩水金关,这些都是当年汉朝的边关要塞,这些要塞都出土了大量的简牍,如《居延汉简》《肩水金关简》,简牍中记载了西汉到东汉时期边塞普通士兵的生活。也体现了汉朝对于边疆的控制,或者是说对于河西走廊的控制,除了这些比较有名的关隘要塞,考古人员还发现了一个驿站——悬泉置的遗址,这里同样出土了大量的简牍。“置”相当于一个供来往使者休息的场所,也是一个非常重要的关隘节点。其中出土了一件非常有价值的文书——《康居王使者册》。简册的内容说明康居已经和大汉建立起了直接的联系,简册历经千年,依然保存完好,甚至还能看到上面的编绳。这个简册讲的就是康居的使者送来了一些礼物,主要是马,但是和汉交接上有点不顺,比如说马的品种、肥瘦、毛色未达成一致。汉朝的接待人员于是写了一个专门的说明,也就是向上级汇报的“使者册”。这个时候远在西域的康居,已经不再通过西南边境和汉联系了,而是直接与汉使者往来。

张骞还有第二次出使西域。他向汉武帝建议,有一个国家叫乌孙,也跟大月氏一样,也是被匈奴所打败了,希望联络乌孙一起来围攻匈奴。由此,张骞再次出使西域。

五、凿空西域

《汉书》中给张骞一个评价,称张骞凿空西域,“诸后使者皆称博望侯,以为质于外国,外国由是信之”,以后的使者到了国外也都自称博望侯，可见张骞在整个西域人心中地位崇高。在初唐时期的敦煌壁画中，依然能够见到张骞的画像。张骞出使西域的影响是巨大的。

张骞两次出使西域之后，汉武帝发现西域诸国被匈奴控制，并不愿意依附汉朝，又有后来贰师将军李广利数次征伐西域诸国。通过张骞出使西域，建立了与西域的直接联系，西域也逐渐被纳入汉王朝的统治之下。

汉武帝在西域进行屯田，巩固战略后方，其中有一个叫乌垒城的地方。考古人员研究认为乌垒城遗址附近有一个叫羊塔克其该遗址的，可能就是汉武帝早期屯田的遗址，也能够证明汉武帝时期对于西域的经营。当时汉朝通过屯田开发土地，派遣官员，甚至是发动对于西域诸国的战争，让西域诸国臣服于汉朝。除了天山南麓有屯田的遗址之外，在昆仑山的北麓，也同样发现了汉屯田遗址，并且出土了一方特别精美的印——“司禾府印”。司禾府印是用精煤制造的，司禾跟农事相关，也就是说昆仑山的北边也有汉王室的屯田。可见在汉武帝时期，整个西域都已经开始纳入中原王朝的控制之下，张骞出使西域，提升了汉王朝对于西域的认识，建立了汉王朝与西域的直接联系，所以《汉书》中班固称张骞此行谓之曰“凿空”，这是张骞出使西域最为重要的成果。

出土的简牍中还有大量的其他的小国使者往来于汉的书信或者是册书、文书。汉初，西域和汉互不相识。而在张骞之后，西域出使汉朝，甚至是被纳入汉王室的统治之下，而张骞出使西域所开辟的这条道路，也就成了西域各国往来于中亚、西亚、欧洲和中原地区的必经的一条道路。这就是丝绸之路。

在张骞出使西域之后，这条丝路上的商旅往来不绝，一直到现在，我们都在称赞张骞的历史功绩，称赞丝绸之路在人类发展史上所起到的重要作用。

魏晋风度

人们经常说风度，而魏晋风度是特定场合的一个名词。它指的是魏晋时期名士们那种率真、清淡、俊逸、通脱的行为，这些人不为礼法所约束，活出了他们的个性，他们饮酒、服药、清谈、纵情山水。

自古以来名士与酒有着密切的关系。服用的药就是五石散，五石散主要成分为石钟乳、石硫黄、白石英、紫石英、赤石脂这五种东西。按鲁迅先生的说法，五石散相当于鸦片，有麻痹的作用，是慢性中毒的症状。也有人进行了一定的考证，说五石散中可能有类似于砒霜的药，但由于剂量小而没到中毒的程度，会产生种种麻痹状况。到了唐朝，著名的医药学家药王孙思邈对其进行了一定的改良，就留下了上面提到的五味药。今天中医经常用这五味药，事实上达不到中毒的效果。

一、魏晋风度的产生

在这样的社会背景中，人们采取了特定的生活方式，而另外门阀世族阶层会对自己的生存处境产生许多厌恶之感，但是他们的行为又极其追求自信，追求风流，追求潇洒，不拘泥于外物，不拘束于礼节。特定的时期特定的状况形成了特定的思想，在魏晋风度的影响下形成了儒学和道家思想交融的学术观念——玄学。玄就是深远的东西，谈的是有无、生死，这一套东西与现实社会不相关，名士们谈这些表现出他们的超脱与放荡。这样的文化面貌，在整个中国文化史上绝无仅有。

鲁迅的《而已集》中有一篇《魏晋风度及文章与药及酒之关系》分析了魏晋风度产生的原因，他说当时人们之所以产生这种放荡不羁、不拘泥于礼法，乃至藐视现实的种种荒谬态度，是因为特定历史时空。他总结魏晋时代的乱世，乱也看惯了，篡也看惯了，无国可爱，无君可忠。从 220 年曹丕篡汉，到 420 年刘裕代晋，魏晋时期出现的政权有很多，出现的皇帝像走马灯，平均三年左右就得改宪更章，统治者朝不保夕，老百姓更是生灵涂炭。所以在这种历史环境之中，人们不得不摒弃原先的礼法和思想，汉家的经学已不能约束人心，人们不得不想人生的价值，宇宙的道理，为自己心灵找一个支撑。在这种动荡的环境之下，又催生了种种自由，统治者自己朝不保夕，更管不了其他人，所以士大夫就能够有一定的自由空间，想他们需要想的事情，研究他们的话题。

鲁迅先生是有所指的，二十年代北洋军阀混战的局面和魏晋时代有很大相似之处。混乱的年月其实也催生了一系列的文化成就，至少五四新文化运动就发生在这个时间段。这都是历史的辩证法，有退化就有进化，有混乱就有一定的进步，魏晋风度也是在类似的情景之中产生。魏晋风度发生的大体情境和鲁迅先生所处的历史时期是比较相似的。

二、魏晋风度的演变

魏晋风度的演变也可以说是玄学思想的演变。人们对某种现象的认识也称历史感,前后是有不同的。

正始(曹魏的年号)时期,出现了两个著名的人物,一个是何晏,一个是王弼。这两个人都是著名的学问家,何晏的《论语集解》与王弼的《道德经注》都是今天重要的文献。

何晏生年不详,卒于249年,字平叔,南阳宛人,是汉大将军何进之孙。《三国演义》里就有何进诛杀十常侍,反而被十常侍所杀的事件。何晏的父亲很早就去世了,曹操纳其母亲尹氏为妾,何晏就被收养,为曹操所爱。曹操非常喜欢有才干的人,小小的何晏很聪颖,曹操奉若掌上明珠,甚至让何晏服饰同太子曹丕,引起了曹丕的憎恨,所以人们称何晏为"假子",仿佛就是曹操的儿子一样。到了正始年间,曹爽秉政,《三国演义》里有大将军曹爽和司马懿斗智的故事。以今人的视角看曹爽的智谋的确差了很多,根本玩不过老谋深算的司马懿,最终司马懿发动高平陵事件。公元249年,司马懿趁着曹爽不备,将曹爽一党满门诛杀,而何晏也因党附于曹爽,被司马懿所杀,灭三族。虽然何晏的下场很惨,但是他的《论语集解》传世,至今人们依然记得这个很有才干的人物。

王弼也死在249年,倒不是因为高平陵事件,而是死于大瘟疫。那时瘟疫横行，为了挽救天下苍生，于是张仲景创作了著名的《伤寒杂病论》。王弼生于226年，卒于249年，字辅嗣，三国时代曹魏山阳郡（今山东济宁一带）人。他只活了二十四岁，但留下了很重要的文化资源，让后代学习古代文学与文化时绕不过他。王弼曾经担任过曹魏的尚书郎，也就是皇帝身边的机要秘书，曾经为《道德经》和《易经》撰写注解，与何晏、夏侯玄等人交往深厚，但是他为人高傲，时常以自己的所长讥笑他人，所以被礼法之士诟病。正始十年（249），他以疠疾亡，死于瘟疫之中。

何晏和王弼他们有重要的观点，"名教出于自然"。名教就是礼法。汉朝经学思维理论下，礼法纲常伦理是儒家大族重要的舆论工具。可是他们说礼法出于自然，也就是说自然在前，人类社会在后，他把儒家礼法放到了第二位，人的自然本性不应当受制于礼法，反而自然本性是应当肯定和赞许的，人的喜怒哀悲之气、食色之性，不应当是恶的东西，是自然情状使然。

这样的言论思想在当时来说具有很强的思想解放作用，如果说他们还只是一个先声的话，接着出现的竹林中人把魏晋风度推向极致。

三、竹林七贤

魏晋思想、魏晋玄学的第二个时期就是竹林时期。竹林七贤在中国历史上很有名，魏晋名士藐视礼法。可是竹林七贤能否成为一个学术群体，学者们还有不同的看法。

陈寅恪先生曾经提到过，西晋是儒家大族的舞台，西晋和曹魏的风格是不一样的，曹魏是典型的庶族集团。曹操出身很寒微，本姓夏侯（他连自己的本姓都改了，可见出身寒微）。曹魏有很多像竹林七贤这样的人，他们表达着自己的个性，谈论的都是生死、有无，以此来标榜自己和其他贵族的不一样。其实当时竹林时代的许多人都是通过这种格格不入的态度，表现自己和司马氏政权的不同。

今天我们看到史书的记载有关于竹林七贤的信息仰仗于《世说新语》以及其他文献，但陈寅恪先生就曾经讲，嵇康、阮籍、山涛、向秀、刘伶、王戎、阮咸这七个人有可能构不成一个学术团体。嵇康和阮籍和当时的制度、礼法之士格格不入，和司马氏政权的态度非常疏离；山涛、王戎是司马氏政权的投诚分子，身上带有礼法之士的特色；而像向秀、阮咸这些人，他们要学习的是嵇康、阮籍，但是他们的水平远不如嵇康、阮籍，没有这二人那么放旷，是个和稀泥的态度。竹林七贤能否就像古书所说，他们在当时山阳某个地区竹林之下谈玄，恐怕是值得商量的。陈寅恪先生认为七贤也许不是文献记载的样子，因为他们的价值观太不一样了。

当时典型的人物就是嵇康、阮籍和刘伶。嵇康生于223年，卒于262年，字叔夜，世称嵇中散，本姓奚，祖籍会稽，因为他们家那有嵇山，所以改姓嵇，是三国时期曹魏的思想家、文学家、音乐家。嵇康非常有个性，他出身是寒门，庶族地主，他少年孤贫，早年在山阳（今淮安），好打铁，这个习惯也非常特别，按说打铁是很辛苦的一件事情，可是他当作爱好，好打铁以自给。他曾经和曹魏联姻，娶了曹魏的曾孙女长乐亭主，为曹魏宗婿，官至中散大夫，史称“嵇中散”。他和曹魏有着千丝万缕的联系，所以在魏晋更迭的时候，他对曹魏心向往之。

嵇康也是一个很有骨气的人，据说他在当时政治斗争之中倾向皇室，对司马氏采取不合作的态度，司马氏想笼络他，可是他不买账招致怨恨，他的朋友山涛当了曹魏的选曹郎，帮着司马昭选举自己的人（这个时候政权已经落入到司马氏手中），于是山涛举嵇康，但嵇康完全不理会，还修书一封，《与山巨源绝交书》，自言，不堪流俗，非汤武，薄周孔。这个举动触怒了司马昭的敏感神经，到景元三年（262），他遭到司马昭心腹钟会构陷而入狱，三千太学生请愿营救嵇康，但是司马昭不许，嵇康临死前神色自若，向人索来琴，奏《广陵散》，曲终从容赴死，从此《广陵散》绝矣。

嵇康怎么惹怒了司马氏政权呢？首先有一篇文章《释弘论》，其中讲了一个重要命题：“心无措乎是非”，意思是说人心人性这种东西没有什么是非可言，人是很天然的，生下来就有天然的属性。一个孩子的淘气或天真是无所谓对错的，后来有了人类社会，人类社会把社会上的善恶是非属性加到了人性上，所以人们才有了是非观念。那么如何回归自然？“矜尚不存乎心，故能越名教而任自然。”就不应该有矜（爱），不应当有尚（崇尚），这些偏见不应当加到人的心灵之中，才能超越名教任自然。

何晏、王弼认为名教礼法的东西“出于自然”，而嵇康索性说“越名教而任自然”，儒家礼法制度、思想契约，不能约束他，他是自然的属性,越名教而任自然,他付出生命的代价来维护自己的思想。

嵇康的另外一篇文章叫《管蔡论》。周初有一个政治家周公,他平息了“三监之乱”。他的弟弟管叔、蔡叔勾结商纣王的儿子武庚发动叛乱,后来周公旦平息了管蔡暴乱,对周王室分封天下立有大功,所以在儒家思想之中,管叔和蔡叔就不是好人,可是嵇康不是这么认为的。嵇康说,管、蔡都可能是好人,是忠诚之士,只是因为他们和周公旦产生了误会。他说自己距离周公旦太远,巨大的历史变化,他想不通,认为管、蔡的心灵是忠诚的,是要保全王室的,反而认为周公旦辅政是不臣之心,管、蔡愚忠愚诚表现出来奋发行为引起误会,给他们带来了灾祸,因此,他们应当是好人。

嵇康为什么要写《管蔡论》?当时司马昭以周公自居,魏末又屡次发生大臣举兵抗命,反对司马氏的事变,因此这个时候自然人们就想到了当时反抗司马氏的一些人,比如说毌丘俭、诸葛诞(诸葛诞是诸葛亮的兄弟,投奔曹魏),他们都是曹魏的忠臣。司马昭自称周公,骂毌丘俭等人是管叔、蔡叔,可是嵇康给管蔡平反,也就是给毌丘俭、诸葛诞平反。他不与司马氏合作的态度,导致了司马昭的怨恨。

嵇康还有一篇文章叫《声无哀乐论》。儒家思想认为,声有哀、有乐、有好、有坏,提出了治世之音的观点,治世之音是非常坦荡的、安善的,而乱世之音、靡靡之音是非常邪恶的。但嵇康就说,心和声不是一回事,心灵怎么样和自然界的声响没有关系,它们分明是两种东西,也就是说在美学上、文艺上嵇康挑战了司马昭政权所依恃的儒家的礼乐态度。

而招致杀身大祸的,就是《与山巨源绝交书》这篇文字。《昭明文选》中有讲,山涛让他去当官,而他认为自己当不了官,"有必不堪者七甚不可者二",有九条原因他当不了官:他喜欢卧床晚起,按今天说叫睡懒觉;他要抱琴行吟,走到哪儿弹到哪儿;他要弋钓草野,他是一个放行之人;而且他不喜正襟危坐,要抠虱子;他不喜欢文牍、不喜欢写信札;他还不喜吊丧,不喜俗人,心不耐烦。这些东西都和官场格格不入。从思想上他"非汤武而薄周孔",这最终招致杀身大祸。武王伐纣,商汤灭夏,靠的是武力,周公、孔子奉行尧舜之道,而尧舜之道推行的是禅让。嵇康这句话直击司马昭政权的合理性。他讲自己:"刚肠疾恶,轻肆直言,遇事便发。"是性情中人,怎么可能在官场里混呢?

《释弘论》就表达了他反对礼教的立场;《管蔡论》颠覆儒家的忠奸形象;《声无哀乐论》反对艺术贴标签;《与山巨源绝交书》直击政权的合理性。这些理论动摇了司马昭政权,他也因此招致了杀身大祸。

四、谈生死谈宇宙

阮籍和嵇康不太一样,阮籍比他要圆滑得多。阮籍生于210年,卒于263年,活了五十三四岁。阮籍出身名门望族,陈留尉氏,今天河南开封人,任步兵校尉,世称阮步兵,秉承老庄之学,在政治上采取避祸的态度。

阮籍是“正始之音”的代表，他留下了著名的《咏怀诗》八十二首。他才华横溢，在当时已经很有名了，司马氏政权很想拉拢他。当时司马昭敢杀嵇康可不敢动阮籍。阮籍和司马氏保持若即若离，但他内心异常痛苦，经常驾着车穷途末路号啕大哭，八十二首《咏怀诗》以晦涩的文字表达了他对现实的绝望。

《晋书·阮籍传》中有很重要的记录，《晋书》是唐太宗亲自主编，托名于房玄龄、魏徵。《阮籍传》中说，司马昭欲为司马炎求婚，阮籍沉醉六十日。阮籍知道这场婚姻是政治婚姻，他不希望害自己闺女，于是酩酊大醉，使者张不开嘴，不得言而止。当时钟会又以时事问之，想借口他言辞上的讹误，给他带来杀身大祸，但是因其酒醉而赦祸，可见这阮籍相当的圆滑。

后来司马昭欲加九锡，九锡是九种重要的礼仪制度，往往权臣在篡位之前最后一步就是九锡，可是司马昭是篡位，一群爪牙极力劝进，而这个司马昭还得假惺惺地谦让，劝进再三，谦让再三，最后接受使命。而这个时候有人说《劝进表》让阮籍写，第一他是士人领袖，第二可以考察他是否真的忠于司马氏。于是司马氏的使者来找阮籍，阮籍照样使出大杀器——醉，但是这次醉酒也行不通，刀架脖项必须写，在酒醉之中，他写下了著名的《劝进表》，据说词采情状都不用改，同时他也留下了骂名。

阮籍不拘泥于礼教，据说他有这么样的一个习惯，发言玄远，口不臧否人物。比如有人让他评价某人的好坏，他会说宇宙是怎么来的，谈生死，谈有无。这种言谈方式让人觉得他很奇怪，但阮籍就是通过这种方式躲避祸患的。

阮籍也是性情中人，和嵇康一样他能为青白眼。他见了礼法之士，以白眼对之，意味着不喜欢；但是对自己喜欢的朋友，青眼相对。嵇喜来的时候，阮籍对他做白眼，让嵇喜非常尴尬，不高兴地回去了，但是嵇康拿着酒和琴来找阮籍，阮籍高兴至极，于是青眼相待。这些做法使得当朝礼法之士非常记恨他，就想弄死他，可是司马昭又很高明，经常保护他，因为司马昭知道他分量非常重，是士人领袖，他也不想总是杀人，因为阮籍来了，才有更多的名门贵族投奔司马氏政权，司马氏政权也非常聪明。

阮籍的《咏怀诗》就能说明他内心的痛楚，他说："夜中不能寐，起坐弹鸣琴。薄帷鉴明月，清风吹我襟。孤鸿号外野，翔鸟鸣北林。徘徊将何见，忧思独伤心。"阮籍夜里睡不着觉，采取一系列的方式排遣内心的不快。而最典型的是《咏怀诗·七十九首》："林中有奇鸟，自言是凤凰。清朝饮醴泉，日夕栖山冈。"这说的是他自己，他不是凡鸟，是凤凰，说"高鸣彻九州，延颈望八荒"。他有这么宽广的胸襟、不俗的气魄，但是"适逢商风起，羽翼自摧藏"，等秋风一来便折伤了他的羽翼，只能跑。"一去昆仑西，何时复回翔。但恨处非位，怆悢使心伤。"生不逢时，这就是阮籍。

除了阮籍之外还有刘伶，刘伶字伯伦，现在有的酒楼写"伯伦不归"，意思就是刘伶很喜欢。刘伶是沛国人，他喝酒、品酒都是很出名的，据说他也当过曹魏的参军。这时候曹魏和晋产生了权力的冲突，而晋武帝司马炎就把他招来，让他谈一谈如何治国。刘伶强调的不是司马炎喜欢的儒家，而是无为而治，晋武帝气坏了，把他罢免了，于是他为避免政治迫害，索性倚酒发狂、放浪形骸。

王羲之说，有一路人是放浪形骸之外。这路人放浪不羁的行为是对礼法的否定，不失为一种反抗。据说刘伶身高非常之矮，而且相貌丑陋，但是性情豪迈，心胸开阔，不拘小节。据说当时有朋友去拜访他，进门就吓一跳，刘伶赤身裸体一丝不挂，反而对这朋友一顿骂，他说我以天地为衣，以这个屋子当我的裤子，你怎么进我裤裆里来了呢。

这就是竹林名士，但是竹林名士中硬碰硬的人都付出了惨重代价，而像山涛、王戎索性投靠了司马氏政权。

五、思想的自觉时代

到了元康时期，有人就反思，如何不硬碰硬还能保持个性，尤其是保持贵族不同于庶族寒门的高贵的思想，还得有贵族范儿，和政权能够融在一起，其代表人物就是阮脩与王戎。

《世说新语》文学篇之中说，阮宣子（阮脩）很有“令闻”（好名声），而当时太尉王戎非常的吝啬。据说卖杏给别人时，把杏的核都给抠下来，别人问为什么，他说怕别人拿着核再去种。投靠司马氏政权的太尉王戎见到了阮脩就问了一个问题：老庄与圣教同异？意思是，你们所谈的老庄思想与儒家的圣教有什么共同点，又有什么差别？阮脩回答三个字“将无同”。

对于什么是“将无同”有不同的说法，但是大体上意思就是差不多，也就是说存在就是合理的。老庄也得顺其自然，活在天地之中，许多事物不能撞车，就应当顺其自然，顺其自然才可能活得随心所欲。于是“太尉善其言，辟之为掾”。掾指的是僚属。中国古代,许多官员都有辟属权,也就是说自己的幕僚自己定。一般来说对辟属得考察他的品性、才学体现在哪里,还得经历一段时间的实习磨合,可是阮脩的三个字"将无同",太尉就把他辟成僚属,世谓"三语掾",说三个字就成为僚属的经历非常神奇。"将无同"就代表了阮脩的思想,也就是说当时名士之中有一群人不和司马氏政权硬碰硬了,而是逐渐地在合流。

到了东晋时期,清谈就成为士大夫人格修养的构成。清谈是很高明的,他们谈生死,谈有无,谈人生,谈一系列的问题,唯独不谈的就是现实问题,谈的都是社会之外的、六合之外的,这样显示出士大夫们的高远,越是高远,越具有贵族范儿,因为贵族就要求清俊通脱,表现出他们高贵的贵族个性。

在曹魏时期,尤其是竹林几人像嵇康、阮籍、刘伶基本都是实谈,他们通过这种方法表现出和司马昭格格不入,体现自己的学术观念与价值观念,以及个性。可东晋时期清谈真是清谈,为政的贵族都会清谈,如果不谈谈老庄,谈谈佛,你就会显得没品位,这些是士大夫人格修养的重要构成。有一个很典型的学者叫张湛,他写了《列子》的注释。这个时期,一批士人乃至道士,他写表现出自己思想的作品,还有一个重要的文学家陶渊明也是如此。陶渊明的田园诗写得非常好,体现了自己高洁的品性,他的思想来自于老庄,乃至来自于佛理,这理论跟儒家并不抵牾,他写的诗就表现出这一点。

说羲黄已经远了,上古的无为之治远去了,人心不古,于是诞生了一个人——孔子,"汲汲鲁中叟,弥缝使其淳"。鲁中指的是山东一带,"鲁中叟"是孔子,"弥缝使其淳"就是把断裂的东西连接起来的,是人心淳朴,儒家也是有用的,道家也是有用的,将这些思想都合为一体即所谓三教合一或者说三教互融。这一思想出现在东晋以后,在南朝又有非常明显的体现,也就是说,魏晋风度发展到一个新的阶段,最后这一套也融入了三教之中,成为中华文化重要的构成,而三教合一,又成为中华文化重要的定位。

最后我们对魏晋玄学或者说魏晋风度的历史意义,进行一个概括总结。有的东西是能由现象推论到影响,有的可由现象推论到作用,再找证据进行验证,这就是历史素养。鲁迅先生曾经说,魏晋南北朝是历史的自觉时代,是思想的自觉时代。自觉是针对于自发而言,中国历史上这些思想其实已经存在了,不过有的时候是自发的,没有进行系统的归纳阐述,而这个时间段,思想也罢,艺术也罢,士人开始琢磨艺术思想自身的规律。鲁迅说这是为艺术而艺术的时代。我们认为魏晋的确是这样一个时代,这个时代统治者朝不保夕,管不了士人,所以它给自觉带来了前所未有的历史条件,留下了空前绝后的哲学理论性思考。儒家的经学探讨的不是政治就是道德,此外的事件不讨论,因为觉得没用。可是魏晋时期经学坍塌了,人们开始探讨有无生死等许多终极的问题,应当说开创了宇宙论和本体论的一个新局面,而且融合了佛学把道家思想扶上一个高度,体现了六朝社会变革的敏锐洞察力。

嵇康、阮籍、刘伶都是非常机敏的士大夫,他们知道这些学说能为自己所用,探讨自然、探讨无为,这些都是很敏锐的视角,后代对哲学思想的研究也很难规避开这些问题。他们开拓了天人之际思路的新领域，探讨人和天之间的互动关系。经学主要研究人、政治、礼法，形成了礼教思想，而研究天，是这个时候开拓的新领域，后代也很难企及，并且他们留下的贵族范更是后代不敢问津的，那个时候刘伶就敢裸奔，今天少有人敢为。那个时候嵇康从容赴死，《广陵散》绝，有几个人能有这种气魄？他们显示出人与社会间独步千古的潇洒，前无古人，后无来者。

贞观之治

中国历史，尤其是古代史，有很多非常辉煌的时代，为大家所推崇的是汉代、是唐代。现在我们将目光聚焦在唐代，一起展开《资治通鉴》对唐代的描绘。提到唐代，大家觉得这是一个盛世，它有“贞观之治”“开元盛世”，“贞观之治”开启了唐代盛世，“贞观之治”是怎么来的呢？

一、玄武门之变

我们从李世民如何成为秦王，又如何成为唐太宗讲起。李世民的故事源于“玄武门之变”。李世民的父亲李渊，在隋朝末年自立为帝，后被尊称为唐高祖。唐高祖子女众多，其中有三个孩子功勋卓越，长子李建成被封为太子，次子李世民被封为秦王，第三子李元吉被封为齐王。因为李渊年事日高，皇子之间的皇储之争日趋激烈，太子李建成和齐王李元吉协作，共同打击李世民，李世民发现自己不占优势，独木难支，于是在心腹大臣的建议之下，以迅雷不及掩耳之势发动了军事政变。

提到玄武门，需要知道的是，唐代都城在今天陕西西安这一片，唐长安和汉代的长安是不一样的，汉长安虽然离得不远，但是属于山路的北坡，是北低而南高，而唐长安属于南坡，是北高而南低，玄武门正好是修建在皇城的北门，居高临下，是一个重要的关口所在。玄武此名取自于古代四大神兽，北玄武、南朱雀、西白虎、东青龙。

李世民率先去告发兄弟二人，引发李渊的猜疑，于是李渊要求兄弟二人择日来见，就在次日清晨之前，李世民买通了守卫，而且埋伏了重兵。当两兄弟一来，守卫便说不能携带各种武器装备和大量人马，二人于是交了武器，减少了随从，刚一进去，大门便关上了，二人发现落入圈套之中，其实“玄武门之变”时间并不长，但是非常惨烈，太子李建成、齐王李元吉当场殒命。李世民仍然不放心，又安排手下大将尉迟敬德前往皇宫深处去寻找李渊，派重兵将李渊囚禁了，强行架空，完成了权力的交接，这样轰轰烈烈的一件大事便收尾了。尽管对李世民来说，由秦王到唐太宗的地位转换，好像是平淡无奇，但是因为唐代独特的地位，这件事为后世大家反复讨论，存在极大争议。

李世民虽坐拥天下，但是却远远不符合儒家的规范。唐代是科举兴盛之世，有很多的读书人，很多的史学家，大家该如何评判他呢？显然李世民的即位存在争议，更存在污点，李世民凭借“玄武门之变”夺得天下，但是如何服众人，如何安天下呢？这就为后人留下了一个时代的困惑。李世民他有没有破解？有没有成功呢？显然李世民找到了属于自己的答案。

二、解读“贞观”

提到“贞观之治”，很多朋友没有细想，觉得“贞观”就是一个固定名词嘛，这个还用去剖析吗？如果追问“贞观”究竟是什么意思？它和李世民后来的作为有无关联？中间有很大玄机。

《易经·系辞下》中记载：“天地之道，贞观者也。”南宋的大学者朱熹有这样的解读，“以天地之大道示人”，意思是李世民有志于将人间正道与天地之正气彰显于世人。也许有人会疑惑，李世民经历了“玄武门之变”，他却将人生最重要的年号直接定名为“贞观”，是否符合天地大道？其实李世民所谓的贞观不是一己私欲，不是图的皇位，而是以天下苍生为己任。

李世民自知“玄武门之变”会成为他人生的污点，希望能够摆脱困扰，造福苍生。“贞观之治”引发后世很多的思考，比如说休养苍生、虚怀纳谏、安定边疆、国泰民安等现象。唐代之盛始于太宗，而治国之方重于贞观，这是我们对贞观的解读。

“贞观之治”中“治”是何意？在《礼记·乐记》中有这样的话，“故治世之音，安以乐，其政合”。“安以乐”指的实际上不只是君臣，更是百姓的安居乐业。因而咱们要纠正一种观念，盛唐难道仅仅是一组庞大的数据吗？是一种令后人难以逾越的假象吗？其实并不是这样的，因为“贞观之治”是实实在在的幸福与安宁。“贞观之治”无须溢美之词，它不是一种非常夸张的数据。

据《资治通鉴》记载，唐高宗有一次问大臣，他的父辈“贞观之治”之时户数和钱粮达到多少？他以为是一组非常庞大的数据，但是大臣给他的答复让他大吃一惊，贞观鼎盛之时不及隋朝。这种情况也许会引起疑惑：“贞观之治”难道是假象吗？其实非也。因为唐太宗所接手的本来是一个乱世，隋末一派混乱，而唐初还存在很多不安定因素，可以说是内忧而外患。李世民利用数十年的时间便安定天下，让百姓能够达到富足，所以“贞观之治”不在于数据，而是真正的幸福感。

“贞观之治”还妙在君臣的相知，行在制度的确立，美在文化的昌盛，乐在百姓的安康。后世用“大唐之盛，始于治世”来赞誉贞观。

“贞观”这个词中间有深意，回望我们中国古代历史，很多知名的君王都会有一些独特的年号，这些年号显然是一些文化现象，有时候这些年号是天灾人祸之后的祈福，有时候代表一些志向，类别特别多，希望朋友们作为一个有心人，去深究一下此类文化现象，当大家汇总之后再来回望“贞观之治”，会发现贞观此名有深意。

三、隋鉴未远

很多人在做事的时候往往希望来个崭新的开始，但是历代统治者相对严谨，他们建立新王朝的第一件事，往往是回看过去。隋曾经强盛一时，吞并天下，非常辉煌，可是为什么以难以挽回颓势短短二世而亡？当时李世民也陷入了深深的思考。

李世民展开了对隋炀帝的分析，他从《隋炀帝集》中来看隋炀帝的生平，从文中内容来看，发现此人应该也是尧舜之象。可是最后为什么落得一个“桀纣”的骂名呢？显然隋炀帝没有达到表里如一，后世的评价和他生平有很大的出入，众人为何不买隋炀帝的账呢？咱们结合重大事件来看一下。

隋炀帝也是有雄才大略的，他为了将东南的财富、钱粮顺利地运输到都城，乃至于为了南北的军事、监查等顺利进行，他开通了隋朝大运河，这个工程量极大，令人叹为观止。这个工程并不是军队在修建，而是百姓在修建。天下刚刚安定，很多百姓想过幸福生活的时候，却无奈被摊派了非常重的徭役，于是怨声载道。其间有隋炀帝几下江南这样的一些传闻，当然他生活比较奢靡，所以大家也在质疑，难道大运河不是战略所用，难道仅仅是为了隋炀帝一己之私吗？

另一件重要的事情是三征高丽。从这件事中可以发现，当时隋炀帝好大喜功，他希望周边少数民族能够臣服，但是高丽王显然不买他的账，于是他连年发大兵前去进行征讨，不但引起民怨沸腾，而且连同统治阶级内部也产生了分裂。比如发生了像杨玄感起义等等，连内部都不团结了，自己人都想推翻他，已到穷兵黩武的地步。

于是隋末爆发了农民起义，以山东地区最具代表性。当时山东民怨沸腾，大家的确是活不下去了，一方面山东征兵比较多，另一方面山东有很多地方需要打造战舰，当地人民深受压迫。

由此可见，隋炀帝本人的确是有雄才大略，但是他的措施并没有尊重民意，因此这些措施收到的效果也是大打折扣了。

当李世民提出“李世民之问”之后，咱们看看当时大臣是如何回复的。魏徵就一马当先，他说，隋炀帝未必没有才华，他也是有聪明才智的，但是实际上他的政策无论是在财力还是精力上都穷极了百姓之力，因而他让百姓失望了。另外，他不知道纳谏，他虽然满口仁义，但大臣给他的正确建议也完全不采纳。魏徵所给出的这样的见解，李世民是否采纳呢？如果李世民不采纳，便有可能还会重蹈覆辙。

隋炀帝从正面来说符合三个词：天资卓越、恢宏建制、储备雄厚。这个国家本来不应该二世而亡，而且此人本应有大作为。因为从开凿大运河、开创科举制度等措施可以看出隋炀帝的确是具有远见卓识的。但是在后世对他的评价中，他背负骂名，说他劳民伤财，而且二世而亡。

李世民该如何反思呢？作为一代杰出的君王，李世民正面和负面的都考虑到了，他得出这样的结论：隋朝的盛衰不在于隋炀帝个人才智的高下，而是在于他是否纳谏。所以为君者要谦虚，要把百姓的事放在心上，只有这样江山才能坐稳。在借鉴隋朝的经验教训之后，李世民便开始展开抱负。

四、贞观初始

李世民总结完隋炀帝的功过后开始自己的一番作为。他的第一步就是重塑君臣，为此他做到了以下三个方面，第一求谏纳谏，第二不思故旧，第三广集人才。

求谏是一个姿态，他非常坦诚地向不同的人群、不同的臣子寻求意见，来改进他的执政。这个姿态是真的要采纳还是假的采纳呢？后来的实践表明，只要有好的建议，李世民就会采纳并加以推行。正是因为有纳谏的保证，所以他的求谏才变得难能可贵。

那么什么是不思故旧呢？当时追随李世民的人有这么几类：一类是王族，具有血缘亲；一类是李世民早年身为秦王的时候，乃至成为秦王之前一直追随自己的心腹重臣；另一类便是有以前李建成和李元吉手下的，乃至唐高祖李渊手下的一些人。然而李世民的可贵之处是就事论事，给大家一个公平的衡量，他不会因为某人具有血缘亲，或是秦王府邸的旧臣，就额外地法外开恩。他这个举动造就了日后群星闪耀的局面。

李世民广集人才，不分三六九等，不管这位大臣以前的出身如何，只要是能够给他建议的，能够一同打造盛唐之世的，他都愿意把这些人融入进来。

因为李世民的这些做法，后世有这样三句话对李世民进行非常精要的概括：以铜为镜、以史为镜和以人为镜。重塑君臣尤其符合以人为镜，可以明得失。据说魏徵去世后李世民痛哭流涕，因为以后很难再找到这种仗义执言的大臣了。以人为镜，李世民的确做到了。

李世民治世有怎样的群星闪耀呢？他既启用西北的武将，也用东南的儒生。他既用秦府的旧人，如房玄龄、杜如晦等，也任用以前东宫和齐王府的这些所谓的“仇人”，像魏徵、王珪等。另外，他还任用高祖的遗臣，以及贫寒之士，如马周等。同时令人意想不到的是在南征北战之际，尤其是打下北边草原地区后，他还大胆采用了很多少数民族的重臣，比如像阿史那社尔等。所以李世民真的是虚怀若谷，也正是因为他不拘一格降人才的政策，催生出一个真正的盛世，一个人才济济的官僚集团。可以说人才是“贞观之治”的重要前提，对于我们今天社会也有非常重大的启示。

“贞观初始”的纳谏之策，也是清算隋朝经验的第一个心得。第二个心得就是要把百姓放在心中，“以民为本”。李世民借用了荀子的话，“君者舟也”，“庶人者水也，水则载舟，水则覆舟”，后世将之非常精要地概括为“君舟民水”。其实当年荀子所提的观点具有时代背景，也并不是广泛为后人所知，但是李世民恰恰了解到了“君舟民水”的理论。

隋末的时候，山头林立，天下割据，征战不断，百姓苦不堪言。李世民荡平天下之后，他如何把百姓放在心上呢？第一，他摆正了国与民的关系，国与民相互依存，一个国家的好坏要看百姓过得好不好。第二，百姓如何过得好，要重农要惜民力，不要大兴土木工程。第三是崇尚节俭之风。对于第二点，李世民尤为重视，他重农事而兴民力，一方面军队复员，军民合一，另一方面降低租税。同时他也爱惜民力，不摊派徭役，减少大兴土木。据说唐太宗一开始住在长安皇城太极殿，宫殿非常潮湿，于是他想着重新改建一下，建一个富丽堂皇的宫殿，但是大臣提议再忍一忍，因为造价太高，李世民反复斟酌，最终决定不修建。可以看出，他是一位以天下为念、以百姓为念的皇帝。

关于爱惜民力，还有下面两个故事，一个源于《资治通鉴》一百九十二卷，有一次李世民和大臣一起讨论关于立法的问题，很多人说历经隋末之乱，大街小巷仍有小偷小摸的人，让居民苦不堪言，应该是严刑峻法、严厉斥责、严厉惩罚，这样才能获得安定。李世民尽管平时非常谦虚地听从大臣的意见，但是此时他仍然以百姓为念，认为不能这样执行。隋朝的灭亡因为不得民心，百姓苦在隋朝不爱惜民力，因为当时王朝不作为，使得民间出现了动荡，而此时就是我们要积极地引导百姓，而不是惩罚百姓，如果你的王朝建设好了，百姓人人安康，大家又为什么会有偷盗的意念呢？这件事将李世民爱民之心体现得淋漓尽致。

下一则故事来自于《贞观政要》。李世民认为身为一个君王，一定要把百姓放在心上，要降低自己的欲念。而魏徵也有同样想法，他有一篇传世佳作《谏太宗十思疏》，文中也有建议君王减少个人欲望，减少打猎、土木工程等等。从这里可以发现李世民真的是很英明的君王，首先他构建起了庞大且杰出的人才团队，然后他将百姓放在心中，所以奠定了唐王朝的根基，也成功破解了隋朝二世而亡的难题。

秦与隋皆二世而亡，他们的败亡有哪些共性呢？给后人留下怎样的反思呢？其实我们的思考不要仅仅着眼于他们如何败亡的，更要关注有哪些制度在后世生根发芽，产生深远影响。应再仔细思考哪些是惨痛的教训，哪些是应该传承的经验。

五、渐入佳境

唐朝显然不是一个守旧的王朝，它不仅有守成的实力，而且有一种开拓的气势。它有哪些创举？对后世又有怎样的影响？

这些主要体现为三大方面:制度之立、巩固之基、内外之盛。唐朝有很多开创的制度,这里具体针对两个方面重点讲解,一个是三省制,一个是《贞观律》。而对于巩固之基聚焦两个话题,一个是均田制,一个是府兵制,二者之间有千丝万缕的关联,互相成就。另外,从边疆的开拓和人才聚集可以看到内外之盛。

首先来看制度之立,关于三省制和《贞观律》。三省制的确立并非一蹴而就,中央机构有一个发生演变的过程。先秦时期相对简洁,到了秦朝有一个重要的开创,三公九卿制,当然“九”并非确数,有时候也称之为三公诸卿。在秦朝之时,三公九卿制是依照《周礼》的规定,采用三的倍数,三公相当于将国家的核心权力一分为三,也就说皇帝之下是丞相、太尉、御史大夫。丞相为一人之下万人之上,统管下面的九卿,他主要管理政务;太尉是掌管军权,因为秦始皇多疑,往往掌管军权的太尉由皇帝兼任;御史大夫掌百官的奏折,而且负责监察。当时通过三公九卿构成了一种所谓的权力的分散,能实现互相监督,而最后由皇帝自己来拍板。需要区分的是,三公和欧美的三权分立不是一个概念,秦朝主要聚焦于行政权,而西方欧美的主要针对是立法、行政和司法。秦朝时实行三公九卿制,西汉的时候三公九卿作为外朝,汉武帝将一些心腹重臣安排为内朝重臣,由此开设了尚书、侍中、司马等制度,刚开始这些是比较低的职位,后来出现了独特的面貌,成为皇帝身边的成员,又由于皇帝不断怀疑,这些内臣逐渐外朝化,到隋唐的时候三省六部初见端倪,作为内侍机构的所谓中书、门下、尚书,此时已经得到外化,成为政府名正言顺的几大机构。

唐朝之时构建起了相对严谨的三省六部制。三省分为中书省、门下省和尚书省，职责各不相同。中书省的主要职责是根据皇帝的意思来起草诏书，但写成之后并不会直接发布，监察驳回机构门下省会一遍一遍地查，门下省合格之后，于是下发给尚书省，由尚书省派给六部，即吏、户、礼、兵、刑、工，六部涉及很多方面，如官员考核、刑法、户口、礼仪等等。三省六部并非唐朝的完整面貌，在六部之下，每一个部又设立了四个小部门，称为四司，共二十四司。在三省六部外，还设立了九寺和五监，有一些部门知名度很高，比如太常寺、大理寺、国子监等等。总的来说，唐朝的制度是三省六部九寺五监，简称为三省六部制或叫三省制。这个完备的体系形成于唐太宗之时。唐朝以后，无论是五代时期还是宋、元、明、清，虽然其间这些部门有过合并，有过裁撤，但是制度结构相影响深远。唐玄宗之时编纂了《唐六典》，《唐六典》中就将三省六部作为一个稳定的结构传之后世，以至后世对唐太宗三省六部都有崇敬之情，后来东亚很多国家都学习了这个制度。因为它不仅具有形式，更具有实效。唐代决策的科学化，时代相对的平稳，乃至于出现强盛之势，和三省六部有千丝万缕的联系。

提到法律，有人认为中国古代是缺失法律的，以为是用人治来代替法治。其实不是这样的，中国古代也是进行了很多法治的尝试，比如说在战国后期法家的崛起，再如秦朝社会中的严刑峻法等等，也就是说法治的标准化是社会所不可或缺的。日后的每一个朝代都不会放弃对法治的努力，唐代有《贞观律》《唐律疏议》，宋代有《宋刑统》，明代有《大明律》……中国法制是一条完整的脉络，但是又具有中国特色，中国法律将春秋大义、儒家经典、道德情操融入其中，所以中国在判案的时候，彰显了情味，因而如今社会主义法治的特征中既要依法治国，也要以德治国。

《唐律疏议》是唐代重要的法律典籍。李渊在位的时候用的是《武德律》，但这部律法并不全面，因为其中借鉴了很多隋朝的律令，难免严峻，法不够柔和。唐太宗之时就进行了《贞观律》的编纂。后世对《贞观律》的评价极高，因为它是以百姓为念，其中去掉了很多严刑峻法，而且定下了重要的规矩。随着社会的发展，唐高宗的时候，先后编成了《永徽律》《唐律疏议》。《唐律疏议》是对前面这些法律条文的重新汇编汇总。《武德律》崇尚仁义，有很多民本的色彩。《永徽率》奠定了基础，是后世的典范。由此可见，《贞观律》对唐代而言是一个承上启下的重要法律典籍。如果《唐律疏议》是一座大厦，显然它的根基与框架是《贞观律》所确定的，《贞观律》对于《唐律疏议》起到了定格局的作用，例如范本怎么弄，事情该如何描述、如何商议等等。可见《贞观律》对后世法律体系影响深远。

均田制和府兵制是唐王朝的巩固之基。均田制是关乎生产以及国家赋税，而府兵制和军事征战有关，也和社会管理有关，二者是如何联系的，又各有什么特色呢？

均田制重在一个均字，它为天下百姓而均，但并不是将所有田地重新划分，国家在战乱之后，无主荒地较多，国家将自己手中的无主荒地分给百姓。既然要分就得有规矩，这个制度始于北魏之时，北魏孝文帝改革的时候便推行均田。当年将田地分为露田和桑田,露田是百姓只能耕种和收获,向国家交赋税,不允许买卖,也不能传之子孙,而桑田名义上可以种桑树,满足男耕女织,而实际上是可以变通的,而且在一定条件下允许买卖,也能传之子孙,类似于个人的田产,这两种分田方式使得民心大悦。唐太宗将露田和桑田进行了转变,改分为口分田和永业田。口分田就是百姓耕种交赋税,不允许买卖,而且不能传之子孙。永业田能够留给后人,属于家产。政令施行后,百姓安居乐业,相对安康。

唐太宗还对北魏的一项制度进行改革,因为从北魏开始,国家征收赋税分为“租”和“调”,租主要是关于钱和粮,而调主要是关于布匹。唐太宗李世民开创了“租庸调”,庸是调和之意。国家除了需要民众交钱粮、布匹之外,还需要他们服徭役,铺路架桥,负责值守,在驿站迎来送往等。但频繁的徭役会影响百姓的生产,为了保证劳动时间,尊重百姓的意愿,给百姓一种变通的形式——庸。“庸”也称纳捐代役,就是用一种政府专门规定尺寸和质量的比较高端的布匹来代替徭役。因为在唐宋之时,个别的绫罗绸缎也视为货币,也是具有这种流通性的。唐太宗在这项改革中完全做到以民为本,他一方面继续推行均田,而且加以完善,同时进行了租庸调的变革,使得民心大悦。

唐代在前期还有极具特色的府兵制,府兵是在地方的行政单位来开府屯兵,这些兵并不是职业军人,而是兵农合一的百姓。在春夏秋的时候,让百姓去耕种,打理自己的田地,而到冬天的时候百姓容易发闲,闲下来就容易作奸犯科。府兵制将百姓调动起来,不仅可以军事训练、地方巡逻、武装国家,而且这些府兵不用国家来养,不用给他们发放俸禄,国家也不需要提供武器装备,很多是百姓自备武器,所以国家以很小的军备开支构建了一个庞大的军队。

府兵制使得兵农合一,百姓比较朴实,也具有一定的战斗力。而且此时唐王朝重内而虚外,国家的重兵设的军府主要是在内地,而边关设立较小,所以边关不会构成对内地以及对中央的挑战。唐太宗这个非常科学严谨的规划,将农业生产、国家的赋税、徭役乃至军事的兵役牢牢地结合起来,在这些制度之下,国家日益强盛。

接下来我们谈谈“内外之盛”。内外之盛包含两个方面,对外是开疆拓土,对内是人才济济。因为不管是在唐朝还是隋朝,北方都有非常强悍的敌人——突厥,他们时常威胁中央。唐太宗刚即位时,有一次突厥的可汗率重兵兵临城下,一度情况非常危急,尽管唐太宗当时非常果断勇敢地化解危机,但突厥始终是一个心腹大患,日后唐朝韬光养晦,终于在将军李靖率领之下荡平了突厥势力,双方和好,而且长城以北大部分地区归入唐中央的管辖范围。

对于少数民族的治理李世民采用不同的方法,一种是经营政策,一种是册封,一种是和亲。

李世民用武力征服一个地区之后,多采用经营政策,尊重当地的意愿,多用当地的少数民族首领来管当地的事务,中央只建立一个机构负责监督协助。因此,当地少数民族大悦,将唐太宗共尊为天可汗,还专门修了一条路,由长安直通塞外,作为参见天可汗路。李世民为笼络周围的少数民族,将他们的首领册封为王。为了加强中原和少数民族的联系,和亲也是李世民的重要策略。吐蕃松赞干布和文成公主的故事传为汉藏之间的佳话,对于西藏后来文化发展,包括宗教等产生了深远的影响。

李世民时期朝廷内是人才济济,这些杰出的人是如何冒出来的呢?他们需要一种培养选拔的机制,唐代就找到了完美的契机——科举。科举也是有其发展的脉络:先秦时期是血缘制的世卿世禄;在秦代是军功爵制,靠文吏的吏干之才;汉代初期对秦制加以延续,到汉武帝时期,采用过察举制,地方向上推举官员;曹魏之时开始推行九品中正制,很多世家大族开始把握入仕之权;直到隋的时候开始科举制定型,但是实施力度不够,选拔的人也不多;唐朝的时候制度基本成型,而且传为佳话。

唐代的科举有很多科,其中最为后人所津津乐道的就是进士科,进士科除了考墨义,还要考诗赋和策问,因此当时的诗赋极具特色,奠定了唐代独特的诗风,也奠定了唐代独特的文化修养。

有一次,李世民在开春的时候,将地方的举子们聚集在京城,由当时的大臣们一起来进行再选拔。当时虽然开春,天气还是比较冷,但是这些才子们克服困难,用各种各样的姿势想办法将试卷写完。在长廊之中的李世民看后非常高兴,他说才子们是国家之希望,天下这些人才入我彀中。李世民以人才为荣,也以培养人才为傲。

这里我们梳理了唐王朝对外和对内的政策、相关的制度,以及百姓的生活。体现了唐王朝的恢宏和内外之盛。“贞观之治”也是渐入佳境。当我们整体把握了唐太宗李世民的传奇之旅，他借鉴了隋朝灭亡经验，自己也破旧立新，渐入佳境之后，我们如何来回望“贞观之治”呢？

六、贞观长歌

陕西西安有一个还原“贞观”时期的场景，描绘了文武百官一起上朝的情状，它不同于现在的历史剧，这个场景的确是让人觉得气势磅礴，因为他们不仅仅是历史造型的模仿，而且可以让人体会到后世对唐太宗业绩的崇敬。不仅今人还原了历史场景，古代也留下了宝贵的图像资料，比如《步辇图》。《步辇图》中有一个重要的片段，是唐太宗坐在由宫女们抬着的步辇上，接见了外来的使者，体现出唐王朝的强盛之势，另一方面也体现了唐太宗治下的唐朝和周边少数民族政权其乐融融，这是“贞观长歌”的初步印象。

史书中对“贞观”有非常高的评价。《旧唐书》是由五代时期刘昫领衔来主编的，代表了当时离唐代较近的这群人的一些观念。而《新唐书》是由宋代的大才子、一代文豪欧阳修率团队来编撰的，它也反映了宋代知识分子对唐朝的态度。无论是五代时期的《旧唐书》，还是宋代的《新唐书》，对唐太宗都是交口称赞，他们的着眼点不尽相同，但是都给出了极高的评价。

在《旧唐书》之中认为，从善如流是“贞观之治”真正的时代秘诀，识人纳谏是李世民的成功钥匙。识人纳谏不仅仅是去求谏、纳谏，培养人才是基础，有人才了，才可能有好的建议，有好的建议，才能进行遴选，进而执行。《新唐书》之中对李世民的评价除了这方面,它的视角又有所不同。《旧唐书》重在成功的奥秘,而《新唐书》重在对李世民业绩的评价。《资治通鉴》没有在唐太宗去世之后注写“臣光曰”,也就是说司马光没有直接展开对唐太宗的评价。但是司马光在别处有一段评论进行弥补。司马光的《稽古录》卷十五中既写到了李世民知人纳谏、重视人才的一面,也评价了他一生的功绩,文中不乏对唐太宗的溢美之词,可见司马光对李世民的评价非常高。

回望“贞观之治”,会发现它的确是一串串非常动人的故事,它可能起于一个历史的尴尬——玄武门之变,但是也来自一个深刻的反思——隋鉴未远,然后李世民如逐渐破解历史遗题,渐入佳境,给后人留下了盛世气象。贞观也不只是一个个历史故事,希望朋友们注意贞观之中的大智慧。有一部名著叫作《贞观政要》,其中将李世民当时如何去做,如何立德,如何立功,如何网罗人才等措施进行了一次详尽的分析。可以看出来,“贞观之治”真正留给后世的是关于时代的思考,它不仅仅停留在过去,更在于如今的运用。

《资治通鉴》小故事

燕昭王求贤

周赧王三年(前312),燕国经历子之之乱后,共同拥立太子平,即燕昭王。燕昭王是在燕国被齐攻破之后即位的。他哀悼死者,慰问孤寡,与百姓同甘共苦,自己谦卑地用重金招纳贤才。

燕昭王对郭隗说:“齐国趁我国内乱,出兵攻打我们国家,我很明白燕国弱小,不能够报仇。但是如果真能得到贤能的人一起来管理国家,洗雪先王被齐国残灭的耻辱,这是我的愿望啊!先生若看到可用的人才,我将亲自去事奉他!”

郭隗说:“古代的国君有拿出千金让自己的侍臣去求购千里马的,这位侍臣去买时,千里马已经死了,侍臣便用五百金买了千里马的骨头回来见国君。国君大怒,侍臣说:‘死马我们尚且都要买来,更何况是活马呢?千里马就要来到了。’不到一年,国君得到了三匹真正的千里马。现在大王要招纳贤士就从我郭隗开始,比我郭隗更贤能的人,他们难道会因千里之远而不来燕国吗?”

于是燕昭王给郭隗改建宫室,又以尊师的礼节敬重他。贤士们都争着奔赴燕国，乐毅从魏国前往，剧辛从赵国前往。燕昭王任用乐毅为亚卿，把国家大政交给他管理。

燕齐之战

燕昭王多年来日夜安抚百姓,国家因此更加富强、殷实,便与乐毅商量攻伐齐国。乐毅说:“齐国保留有春秋称霸以来的雄厚基业,地方大,人口多,燕国单独去攻打是不容易的。大王如果一定要攻打它,不如联合赵国、楚国、魏国共同讨伐。”于是燕昭王派乐毅去邀请赵国,另外派使者联络楚国、魏国,又让赵国出面,以伐齐有大利来引诱秦国。诸侯各国都害怕齐滑王的骄横强暴,都争着与燕国结盟攻打齐国。

周赧王三十一年(前284),燕昭王大举出兵讨伐齐国,任命乐毅为上将军。秦国派国尉斯离统帅军队与魏、韩、赵三国的军队会合。赵惠王还把赵国相印交给了乐毅,乐毅统领秦、魏、韩、赵等国的军队去攻打齐国。齐滑王出动全国兵力抵抗各国联军,双方在济水的西岸大战,齐军大败。乐毅送走秦、韩两国军队,分派魏国军队去进攻原宋国的土地,部署赵国军队收取河间地方,自己率领燕国军队长驱直入,追击溃乱的齐军。

燕军将领剧辛说:“齐国大,燕国小,依靠诸侯各国军队的帮助才打败了齐军,应该及时攻取它的边境城邑来扩大燕国领土,这是长久之利啊。现今只是行军,绕过齐国的城邑而不攻占它,名为深入齐国腹地,实际上对齐国没有什么损害,对燕国没有好处却又结下深仇,日后一定会后悔的。”乐毅说:“齐王夸耀个人的功劳和才能,刚愎自用,不与下属沟通,废黜贤良人士不用,信任阿谀奸诈之徒,政令暴虐,百姓怨恨,现今齐军失败溃散,如果乘胜追击,齐国百姓一定会叛乱,祸乱将在齐国内部兴起,那么齐国就可以占领了。如果不在这时乘势前进,等到齐王悔悟过失,改正错误,关心和安抚他的民众,那时形势的发展就难以预料了。”于是继续进军深入齐国。齐国百姓果然大乱,不遵守法制的约束,齐湣王只得逃走。

齐湣王逃往卫国,卫国国君让出宫室给他居住,向他称臣,供奉酒食器具。齐湣王却傲慢不逊,卫国人气愤地攻击他。齐湣王离开卫国,投奔邹国、鲁国,态度依旧自高自大,邹国、鲁国也不接纳他,齐湣王于是逃到莒邑。

楚国派淖齿率领军队援助齐国,淖齿被任命为齐国国相。淖齿想与燕国瓜分齐国领土,便抓了齐湣王,当面数落他的罪状说:“千乘和博昌之间方圆几百里地,天降血雨沾湿了百姓的衣裳,齐王你知道吗?”齐湣王说:“知道。”又问:“在嬴和博之间,大地裂开的深沟直达泉水涌出的地方,齐王你知道吗?”齐湣王回答说:“知道。”又问:“有人对着阙门哭泣,当人们到阙门去寻找时见不到人,离开阙门时又能听到哭泣的声音,你知道吗?”齐湣王回答说:“知道。”淖齿说:“天降血雨沾湿人们的衣裳,是天给你的警告;大地裂开深沟直达泉水涌出的地方,是大地给你的警告;有人对着阙门哭泣,是人给你的警告。天、地、人都警告了，而齐王你却不知道自我约束、警诫，怎么能说你不该死呢！”说完便杀了齐湣王。

乐毅进入临淄，掠取齐国的宝物、祭器，运送到燕国。燕昭王亲自到济水上慰劳军队，论功行赏犒劳士卒，封乐毅为昌国君，并让乐毅留在齐国继续攻打那些尚未攻下的城邑。乐毅听说昼邑人王蠋很贤明，下令军中不得进入昼邑周围三十里以内，派人去请王蠋，王蠋辞谢不来。燕国人威胁说：“你不来，我们就要屠灭昼邑的全城百姓！”王蠋说：“忠臣不事二主，烈女不嫁二夫。现在国家破灭，君主死亡，我不能保全，而你们又想用武力来威逼我；我与其不仁不义而偷生，还不如死！”便把脖子吊在树枝上，自己用力摆动，扭断脖子而死。燕国军队乘胜长驱直入，齐国各个城邑的民众都闻风逃跑。

乐毅约束燕军，禁止侵害掠夺百姓，又寻访齐国的隐逸贤士，使他们显贵，待以厚礼。减轻赋税，取消齐国原有的暴政，实行齐国从前宽松的政策，齐国的民众都很高兴。于是乐毅调遣左路军渡过胶莱河到达胶东、东莱；前锋循着泰山东行到海滨，取得琅邪地方；右路军沿着黄河、济水方向前进，驻扎在阿、鄄两地以联络魏国军队；后路军沿着北海以安抚千乘地方；中路军占据临淄而镇守齐国的都城。又在郊外祭祀齐桓公、管仲，表彰贤者居住的村落，在王蠋的坟墓上增厚封土。齐国有二十多人得到燕国封赐的采邑，有一百多人在蓟都享有爵位。六个月内，乐毅攻下齐国七十多座城邑，都设置为郡县。

这时齐国的地方都被燕国占领，只剩下莒和即墨两座城邑没被攻下。乐毅结集了右军和前军包围莒城，左军与后军包围即墨，一年未能攻下，便命令燕军解除包围，两地燕军退到离城九十里的地方建立营垒，并下令说："城里的人出来不要去抓捕，贫困的还要赈济他们，使他们能重操旧业，用这办法安抚齐国新降附的百姓。"过了三年，乐毅还是没有攻下莒和即墨两座城邑，有人向燕昭王说乐毅的坏话："乐毅的智谋出众，攻打齐国，一口气便攻下七十余座城邑，现今没有攻下的只有两座城邑，不是乐毅能力攻不下，而是他想长期依靠兵力威势去镇服齐国人，然后好南面称王啊。现今齐国人心已服，乐毅还没有称王，是因为他的妻室、儿子还在燕国的缘故。而且齐国美女很多，他也许可能忘了妻室、儿子了。希望大王要有防备！"于是燕昭王摆设酒宴大会群臣，当面斥责进谗言的人说："先王以整个燕国的名义礼敬贤士，不是为了贪得土地留给子孙，只是遇到承传继位的人德行欠缺，不能胜任管理国家的大业，国内百姓不安定。齐国不讲道义，趁我们国家内乱害死先王，自从寡人继位以来，怨恨深入骨髓，才广泛延请群臣在外招揽宾客贤士，为的是报仇雪恨，有能够取得成功的，我愿与他共同分享燕国大权。现在乐毅将军亲自为寡人攻破齐国，铲平它的宗庙，报了我燕国先王的仇恨，齐国本来就是乐毅将军占有的，不是我燕国的领土。乐毅将军如果能够领有齐国，与燕国同为平等的国家，结为友好同盟，抵抗诸侯各国侵扰的祸难，这是燕国的大福，也是寡人的愿望啊！你为什么敢说出这样的话！"于是杀了进谗言的人。燕王把王后的服装赏赐给乐毅的妻子，把王室公子的服装赏赐给乐毅的儿子，把诸侯王乘坐的四马大车以及仪仗随从的车子一百辆送给乐毅，派遣国相将礼物奉送给乐毅，正式封乐毅为齐王。乐毅惶恐不安，坚决不接受，敬拜燕昭王，写了一封敬拜燕昭王的书奏，表示了自己誓死不变。从此齐国人敬服乐毅的德义，各诸侯国敬畏他的诚信，没有谁敢再谋算他。

不久，燕昭王去世，燕惠王继位。燕惠王从当太子时，就不喜欢乐毅。田单听到这个消息，便对燕国施用反间计，扬言说："齐王已经死去，齐国的城邑没有被燕国攻下的只有两座罢了。乐毅与燕国的新王有嫌隙害怕被杀而不敢回到燕国，现在以伐齐为名，实际想继续掌控兵力来称王。因为齐国人还没有归附，所以暂时拖延进攻即墨，用来等待时机在齐国称王。齐国人害怕的是燕国别的将领到来，即墨就将被残灭了。"燕惠王原本就怀疑乐毅，又受到齐国的反间计挑拨，便派骑劫去替代乐毅。乐毅心知惠王起了杀心，于是投奔赵国，燕国的将士因此气愤惋惜，心中不平。

赵惠文王把观津分封给乐毅，很尊敬宠信他，以此使燕、齐两国警戒。燕惠王于是派人去责备乐毅，同时表示歉意，说："将军你误听了流言，认为与寡人有嫌隙，便抛弃了燕国投奔到赵国。将军你替自己打算是可以的，但你拿什么来报答我燕国先王厚待将军的深意呢?"乐毅回信说："从前伍子胥的计谋被吴王阖闾采纳，致使吴国军队远征到了楚国的郢都，继位的夫差却不是这样，他赐死伍子胥，还把他的尸体装进皮袋里，漂浮在江上。继位的夫差不明白伍子胥先前的计谋可以立功勋，所以把伍子胥沉没在江里而不悔误;伍子胥没能够及早预见到阖闾和夫差两位君主气度不同，以至于不改初衷，落得尸体被沉入江中。臣离开燕国，免遭大难，保全大功，用以显扬先王的业绩，这是我最好的计谋。遭受诽谤和羞辱,毁坏先王的名声,这是我最害怕的事。陷入深罪大恶,用来追求个人的荣幸利益,在德义上臣不会做这样的事。臣听说古代的君子,即使与人断绝了交往,也不说人家的坏话;忠臣离弃了自己的国家,也不会损害国君的声誉来标榜自己的名声。我虽然没有才能,但是已深受古今君子的教导。希望君王你注意到这些!"于是燕惠王又任用乐毅的儿子乐间为昌国君,乐毅也往返于燕、赵两国,与燕国相通,后来死在赵国,号为望诸君。

田单火牛阵

当初，燕国人进攻安平邑时，临淄的一个小官田单正在安平，他让自己同宗族的人都用铁皮笼罩在车轴头上。城邑失守人们逃散时，大家争抢拥挤出城门，都因为车轴头折断车子损坏而被燕军捉拿，只有田单宗族的人因有准备而得以安全逃脱，一路逃到了即墨。

后来齐国的地方都被燕国占领，只剩下莒和即墨两座城邑没被攻下。燕将乐毅结集了右军和前军包围莒城，左军与后军包围即墨。守卫即墨的大夫出战身死。有即墨的人说："安平战役时，田单宗族的人因为车轴安装铁笼得到保全，可见田单智谋多，熟悉兵战大事。"便共同拥立田单为大将来抵御燕军。

田单下令城里的人吃饭时，一定要在庭院中祭祀他们的祖先，四处飞鸟看见地上有食物都盘旋落到城中。燕国人看到这种情况感到很奇怪，田单借此又散布说："一定会有天神从天上下来教导我。"有一个士卒说："我可以做神师吗？"说完之后转身就跑。田单起身把他请回来，让他面东而坐，把他当作神师对待。那士卒说："我骗了你。"田单说："你不要这样说！"便把他当作老师。每次发布号令,一定称说是神师的意思。又扬言说:"我真担心燕军把俘获的齐兵割掉鼻子作为前导,要是这样的话,即墨就要亡了!"燕国人听到这些话,就照着去做。即墨城中的齐兵看到投降的士兵全被割去鼻子,都十分愤怒,便坚守即墨城,唯恐被燕军俘获。

田单又用反间计,散布说:"我害怕燕军挖掘即墨城外的先人坟墓抛尸,那样真使人寒心啊!"燕军果然把即墨城外的坟墓全都挖开,焚烧尸体,齐人从城上看见了,个个痛哭流涕,大家都想出城作战,士气倍增。

田单知道士气高昂可以出战了,于是自己亲自操持板、锸工具,与士兵一起筑城;又把自己的妻子编入到作战队伍中,散发所有食品犒飨士兵。又命令披甲的士兵都埋伏起来,只以老弱女子登城守卫,又派遣使者到燕军那里交涉齐军投降的待遇。燕军听到这些消息都高呼万岁。田单又征集民间藏金一千镒,让即墨城里的富豪送给燕国的将领,说:"即墨很快就要投降了,希望不要抢劫我们的家族!"燕军将领十分高兴,答应了富豪们的请求。燕军更加松懈。

田单征集城中的千余头牛,在牛身上披裹上用大红色的绸绢制作的彩衣,绣上五彩龙纹,又在牛角上捆绑兵刃,还在牛尾上捆绑苇条,灌上油脂,苇条末端点火燃烧,在城墙上凿开几十个洞,夜里从洞中放出牛,五千壮士跟随在牛后面。当牛尾烧着时,牛群惊恐愤怒一直冲向燕军。燕军看到牛身上都有龙纹,十分震惊,被牛角撞上的燕军士兵非死即伤。即墨城中的人也都高呼着跟着齐军前进,守在城上的老弱妇女都敲击铜器,声音震动天地。燕军十分惊恐，溃败逃跑。齐国人杀了燕将骑劫，追杀逃亡的燕军。齐军经过的城邑都起来反叛燕国，齐国的土地收复了一部分。田单的军队乘胜追击，人数一天比一天多，燕国的军队天天败逃四散，一直逃到了黄河边，最终，齐国七十多座城池全都收复了。于是田单前往莒城迎接齐襄王。襄王进入齐国都城临淄，封田单为安平君。

子顺预言天下

周赧王五十六年(前259),秦国进攻赵国时,魏安鳌王向各位当政大臣询问这场战事对魏国的影响,各位大臣都认为秦国攻打赵国对魏国有好处。子顺(孔斌,孔子的第六代孙)问:“为何这样说呢?”大臣们回答说:“秦国打败了赵国,那么魏国就此归服秦国;如果秦国不能战胜赵国,那么魏国就可利用秦国战败疲惫之时而攻击它。”

子顺说:“不是这样的。秦国自孝公以来,从未打过败仗,现在又交兵权给良将,哪里有什么疲惫可利用!”

大夫们又说:“即使秦国打败了赵国,对我魏国又有什么损害呢?邻国失败的羞耻,正是我们魏国的幸福啊。”

子顺说:“秦国,是贪婪强暴的国家,它打败了赵国,一定又向别的国家下战书,到那时,恐怕魏国要受到它的侵略。先人说过这样的话:燕雀巢筑在房屋上,母鸟与雏鸟相哺食,呴呴地鸣叫相乐,自以为很安全。没想到屋里的炉灶烟囱火焰径向上冲,整座房子即将被焚毁,燕雀依然安乐如故,不知道祸患即将临头。现在各位大夫不醒悟,看不到赵国破灭的祸患即将降临到魏国自己身上，难道人可以像燕雀那样无知吗！”

魏安釐王听说子顺很贤明，便派使者带上黄金和礼物，聘请子顺为魏相。子顺对使者说：“假如魏王能采用我的治国方略，一定可以实现国家的治理，即使吃蔬菜喝白水，我都会竭尽全力的，如果只是想利用我这个人，给我很高的俸禄，那我也只是一个普通人罢了，魏王怎会缺少一个普通人呢！”使者坚决请求，子顺于是前往魏国，魏安釐王到郊外来迎接子顺，任用他为魏相。

子顺撤换了那些受到魏安釐王亲近宠信的官僚，而任用贤能的官员，剥夺无所事事的官员的俸禄，赏赐给有功的官员。那些失去了职务和俸禄的人都不高兴，于是制造毁谤的言论。文咨把这些谤言报告给子顺。子顺说：“普通民众，不可与他们谋划革新事业。古代实施善政的人，他们开始施政时没有不受毁谤的。子产任郑国的相，三年后毁谤才停止；我的先君孔子任鲁国相，三个月以后毁谤才停止。现今我治国理政一天天见成效，虽说还赶不上贤明的人，但是岂能去理会毁谤！”

文咨说：“我不知道先君孔子受到的毁谤是什么？”

子顺说：“先君孔子开始为鲁相，有人讽刺说：‘穿小鹿皮裘便衣弃穿黼黻朝服的那个大夫，抛弃他也无妨；穿黼黻朝服而弃穿鹿皮裘的大夫，抛弃他也没错。’任鲁相到了三个月，政治教化已见成效，人们又传诵说：‘穿裘皮衣，戴礼帽的那个大夫，实在合我意。那个穿皮裘的大夫，无私地施惠给我。’”

文咨听后高兴地说：“如今才知道先生与圣贤没有什么不同啊。”

子顺任魏国相共九个月,向魏安釐王提出的治国大计都得不到采用,于是叹气说:“说的话得不到采用,这是我说得不恰当。说的话不合主上的心意,却做主上的官,享受主上的俸禄,这是空占位子白吃饭,我的罪过实在太重了!”他便回到家里以生病为由辞去相位。

有人对子顺说:“魏王不信任你,你怎么不出走呢?”子顺回答说:“出走又能去哪里呢?崤山以东各国都将被秦国吞并,秦国政治不仁不义,施行仁义的人是不会去的。”子顺便闲居在家。新垣固请教子顺说:“贤人居位任职的地方,一定兴教化,政治清明。现今你担任魏国相,没有听到你特别的政绩便自行引退,想来是不得志吧,为什么这么快离开相位呢?”子顺说:“正是因为没有特别好的政绩,所以自己辞官,且死症是没有良医能治的。现在秦国有吞并天下的野心,用仁义去引导它,一定得不到安全,拯救危亡都来不及,哪里还谈得上兴教化!古时伊挚在夏朝,吕望在商朝,而夏、商两国也没有得到治理,难道是伊挚、吕望不想治理好国家吗?是大势不允许啊。现在崤山以东的国家衰败不振,韩、赵、魏这三晋之国割让土地给秦国以求苟且偷安,东周、西周转向附从秦国,燕国、赵国、楚国也已经屈服了。由此看来,不过二十年,天下一定全部归秦国了!”

信陵君窃符救赵

魏国公子魏无忌为人仁义而礼贤下士，收养食客三千人。魏国有位隐士名叫侯嬴，已经七十岁，家中贫穷，在魏都大梁任夷门守门官吏。一次，公子魏无忌设置盛大酒宴，招待宾客，来客已经坐定，魏无忌却吩咐备齐车马，空着左边位置，亲自去接侯嬴。侯嬴穿戴旧衣破帽，跳上车子，昂然上坐，也不谦让。魏无忌亲自驾车，更加恭敬。半途，侯嬴又对魏无忌说："我有个朋友在集市上当屠户，请让车子绕到他那里去一下。"魏无忌指挥车子进了集市，侯嬴下车见到朋友朱亥，故意久久地站在那里与他谈话；同时微微斜视魏无忌，只见他态度仍然十分谦和，于是告辞朋友登车，到了魏无忌府第。魏无忌引侯嬴坐在上座，向各位宾客介绍称赞他，宾客们都很惊讶。

这时秦兵围困赵国首都邯郸，赵国平原君赵胜的夫人是魏无忌的姐姐。赵胜派到魏国求救的使者车马接连不断，指责魏无忌说："赵胜我之所以与您联成姻亲，就是仰慕您的高尚道义，能够急人之危。现在邯郸早晚要落入秦国手中而魏国援兵裹足不前，即使您看不起我赵胜，鄙弃我，难道也不可怜您的姐姐吗?”魏无忌十分焦急,多次请魏王命令大将晋鄙进兵救赵,又派门下能说善辩的宾客百般游说,然而魏王始终不为所动。魏无忌只好聚集门下宾客百余乘车马,准备赴赵国以死相拼。他路过夷门,去见侯嬴,侯嬴只淡淡地说:“公子您好自为之吧,我老了不能前去!”魏无忌离开后,走了数里,心中闷闷不快,又转回去见侯嬴。侯嬴笑着说:“我早就知道公子会回来!如今您没有别的办法而亲身去迎战秦军,好比用肉去投打饿虎,能有什么结果!”魏无忌于是下车再拜请教计策。侯嬴屏退左右随从悄声说道:“我听说晋鄙的调兵兵符在魏王卧室里,他最宠爱的如姬,有办法偷出来。曾听说公子您为如姬报过杀父之仇,如姬表示愿意为您办事,万死不辞。公子只要一开口,就可以得到调兵的虎符,夺去晋鄙的兵权,北上救赵西抗强秦,建立五霸的功业了。”魏无忌照他的办法去做,果然拿到了兵符。临行前,侯嬴又说:“大将出征在外,君王的命令可以不接受。假如晋鄙合验兵符后仍不交出兵权,再向魏王请示,那事情就危险了。我的朋友朱亥,是个勇猛力士,可以与您一齐去。晋鄙如果听从,最好不过。如果不听从,可以让朱亥打死他!”于是魏无忌又邀请朱亥前去。到了邺城,晋鄙合验兵符后,仍很怀疑,摆手看着魏无忌说:“我率领十万大军在边境驻扎,而你只孤身单车前来替代我,是怎么回事呢?”朱亥立即从袖中掣出四十斤重的铁椎,打死晋鄙,魏无忌便部署军队,下令说:“父子两人都在军队中的,父亲可以回去!兄弟两人都在军队中的,哥哥可以回去!独子一个没有兄弟的,可以回去奉养父母!”于是选定八万士兵,挥军前进。

魏无忌率领援军在邯郸城下大破秦军,秦王撤除邯郸围军退走。另一秦将郑安平被赵军包围,率领二万人投降赵国,重用郑安平的范雎因此也被秦王治罪。

魏无忌救下赵国以后,也不敢再回魏国,与门下宾客留在赵国居住,派将军指挥军队回国。赵王与平原君赵胜商议,用五座城来赐封魏无忌。赵王布置打扫,亲自前去迎接魏无忌,以主人的礼节对待,引他由西面台阶登上大殿。魏无忌侧着身子辞让,从降一等级的东面台阶走上,自己口中说着:“罪过罪过,已经辜负了魏国,又对赵国没有什么功劳。”赵王与魏无忌一直饮酒到天黑,因为魏无忌过于谦让,赵王始终不好意思说出送给他五座城的事。最后,赵王把鄗城送给魏无忌,作为汤沐邑。后来,魏国也仍把魏无忌的原封地信陵送还给他。魏无忌听说赵国有个高士毛公隐居在赌徒之中,还有个薛公隐居在卖酒人家,想与他们见面,两人不肯见,魏无忌便徒步前去拜访,同他们出游。平原君赵胜听说后,不以为然。魏无忌便说:“我听说平原君是个贤德之人,才背弃魏国前去援救赵国。现在看他与一些人结交出游,只不过是阔绰的举动,不是为访求人才。我魏无忌跟着毛、薛二位出游,心里还直怕他们不愿意接纳我,平原君竟然认为这是羞耻!”于是整备行装,想离开赵国。赵胜急忙前去摘下帽子谢罪,魏无忌才留下。

白登山之围

匈奴是汉王朝北方的少数民族。秦汉之际,匈奴在冒顿单于的率领下统一且日渐强盛。新生的汉王朝经历数年战乱,暂时无力构筑起针对匈奴强有力的防御。

汉朝建立之初,刘邦分封了数个异姓诸侯王,其中韩王信被分封在河南巩义和洛阳一带。此时的刘邦早已对这些异姓诸侯王放心不下,又因为韩王信颇有雄才武略,所统率的地方为兵家要地,便将太原郡的三十一个县划归为韩王,将韩王信迁至太原郡附近。韩王信也因此与匈奴短兵相接。后来韩王信上书刘邦,称自己的首都晋阳距离与匈奴交战的前线要塞比较远,要求迁到距离边塞更近的马邑,刘邦答应了韩王信的要求。

公元前 201 年秋天,匈奴大军进攻韩王信,并将韩王信围困在了马邑,韩王信不得已数次写信给匈奴王,要求谈判和解。而此时的汉廷也派出大军营救韩王信。刘邦在听闻韩王信与匈奴有书信往来的时候,便怀疑韩王信有投敌匈奴的二心,便下令责问韩王信。韩王信害怕自己因此被诛杀,便在九月份投降匈奴。匈奴的冒顿单于也因此得以长驱南下,进攻太原、晋阳等重镇。

公元前200年，刘邦亲自带领军队讨伐韩王信和匈奴，并在铜鞮初战告捷，斩杀了韩王信的部将王喜。韩王信逃到了匈奴，而此时赵利被立为王，收复了韩王信败亡四散逃跑的士兵，并且与匈奴和韩王信合谋进攻汉朝。匈奴此时也派出大军行至晋阳，汉王朝军队再次与匈奴交战，取得了胜利。汉军乘胜追击，但是恰逢雨雪天，气候寒冷，给汉军造成了额外的伤亡。

刘邦此时驻扎晋阳，听说冒顿单于在代谷，想要直击匈奴单于。便派出人去侦查，此时的冒顿单于藏匿其良将良马，以弱示敌，回来的探子都跟刘邦说可以出击匈奴。于是刘邦再次派出刘敬前往匈奴，但刘敬还没回来，刘邦就率军进发了。刘敬回来见到刘邦，认为两国打仗，只看到对方孱弱的士兵，不太正常，希望刘邦停止追击。而刘敬的建议惹怒了刘邦，此时大军已经开拔，刘邦十分不满并且将刘敬扣押关在广武。

刘邦率领小部队快速追击，到了平城，士兵还没有尽数抵达，而此时冒顿单于趁着刘邦孤军深入，将刘邦围困在平城周边的白登山达七天之久。刘邦最终采纳陈平的建议，用重金贿赂冒顿单于的妻子阏氏，阏氏跟冒顿单于说："两个君主不应该彼此迫害对方。大王您现在得到的汉朝土地，也并不能守太长的时间。并且汉朝的皇帝也有神助，请大王三思！"而此时本来约好会师的王黄和赵利的军队没有按时抵达，冒顿单于害怕他们与汉朝合谋加害自己，便在一角放松了围困，恰逢天有大雾，汉朝使者与外部的联系匈奴也没有发觉。陈平让刘邦命令士兵强弩掩护，刘邦趁机逃脱，刘邦本来想快马赶回，但是太仆滕公说不要速度太快。刘邦回到平城的时候，汉朝大军同样到达，匈奴见汉军主力已到,便退了回去。刘邦没有再继续追击匈奴,并下令返回,留樊哙平定代地。

这就是历史上著名的白登之围。匈奴也因此确立了对汉朝的优势地位,后来的汉朝不得已只能采取和亲的方式,缓解匈奴的入侵。这种局面一直维持到汉武帝时期。

班超经营西域

西汉汉武帝时期，便开始将统治的疆域向西域开拓，到汉宣帝时期，设置了西域都护府，建立起汉朝中央对西域的管辖。西域在两汉时期，也一直是汉朝与匈奴势力的角逐之地。到西汉末东汉初年，由于汉朝国内局势的混乱，西域大多数地方又再次被匈奴掌控。东汉明帝时期，伴随着国内局势的稳定，汉朝派窦固再次出征西域，以期将西域再次纳入到汉朝管理之下。

窦固派班超出使当时西域小国鄯善。刚开始，鄯善国王广侍奉班超礼仪完备十分恭敬，但后来变得疏远懈怠了。班超跟他的随从官员说："你们察觉到鄯善国王广态度淡薄了吗？"随从的官员说："胡人的态度不稳定，不能长久，没有其他的原因。"班超说："这一定是北边匈奴的使者到来的原因，鄯善国王心里矛盾不知道该听从哪一方的缘故。明事理之人都能在事情还没有发生前发现其预兆，何况事情已经显露出来！"他招来胡人侍从，用假话刺探说："匈奴使者都来了好几天了，现在在哪里呢？"胡人侍从非常惶恐说："他们来了已经三天了，驻扎在离这里三十里的地方。"于是班超屏退胡人的侍从，和一起来的三十六个官吏面聚，一起喝酒，喝酒到醉了的时候，故意激怒从属官吏说："大家跟我都在这与汉王朝隔绝的地方，现在匈奴的使者已经来了好几天了，鄯善王广的态度越来越不好，礼数和尊敬都快没有了。如果让鄯善把我们当作俘虏送到匈奴使者那里，我们的尸首只有喂豺狼了，怎么办呢？"随从人员都说："如今在这危亡的地方，我们无论生死都跟随司马大人您！"班超说："不入虎穴，焉得虎子。如今只有趁着夜色用火进攻匈奴使团，让他们不知道我们有多少人，使他们恐惧，然后趁机灭杀他们。杀掉这些匈奴人，鄯善王则会吓破胆，到时候事情就成功了。"之后班超趁着夜色带领这三十六个人，一方面击鼓营造声势，另一方面进攻匈奴使者的营寨，匈奴使者不知道汉朝虚实，落荒而逃，班固趁机剿灭诛杀。鄯善国也由此服从汉朝的管辖。

后来窦固又派班超出使于阗，班超杀掉了于阗倾向匈奴的巫师，依靠自己的胆量再次将于阗征服。西域数个国家都再次倒向汉朝一边。但是随着战事的推进和国内形势的变化，汉章帝时期，汉朝中央决定收回在西域的军队，命令大军离开西域返回汉朝。此时的西域各个国家都十分不舍班超的离去，一方面是班超的个人魅力，另一方面，失去汉朝保护的西域各国，势必会被匈奴再次占领。此时的班超毅然决然地上书中央请求留在西域，独自战斗。到汉章帝后期，班超再次上书皇帝，请求征讨西域。汉章帝命班超为将兵长史，任命徐幹为军司马，率军征讨西域。汉和帝时期，龟兹、姑墨、温宿这些国家都投降了汉朝，班超被任命为西域都护。几年后，西域都护班超征讨焉耆，并且留在焉耆半年，抚慰焉耆。自此西域五十余国都向汉朝派遣质子称臣依附。

班超在西域几十年的时间,到年老之后才上书请求返回长安。班超为汉朝西域事业贡献了他的一生。

七国之乱

汉朝建立初期，汉高祖刘邦刚刚平定天下，他认为自己的孩子尚且年幼，同辈的兄弟也很少。同时，刘邦认为秦灭亡的原因是没有封国的援助，因此被孤立而亡。于是刘邦在翦灭异姓诸侯国后，分封了同姓子弟为诸侯王，在汉初形成了郡国并行的局面。

汉景帝时期，诸侯国已成尾大不掉之势，威胁汉朝中央的统治，此时的晁错上书建议汉景帝削藩："以前汉高祖刘邦刚刚平定天下的时候，自己的兄弟少，自己的儿子尚且年幼，所以分封同姓诸侯王，齐国有七十多座城池，楚国四十多座城池，吴国五十多座城市。这三个庶出的子弟，就已经分了天下大半的土地。现在的吴王因为之前有事关太子的嫌隙，谎称自己有病不上朝，根据祖上的法律应当诛杀。但汉文帝实在是不忍恩心，所以赐给吴王几和杖，德行仁厚，吴王本应当改过自新，却日益骄横，凭借铜山铸私钱，煮海水生产盐，引诱天下逃亡的人阴谋发动叛乱。现在如果主动削弱吴国，吴国会造反，如果现在不削弱吴国，将来吴国也会谋反。现在削弱他，他会迅速造反，反而为祸要小。如果现在不削弱,造反来得晚,但为祸也会更大。”

汉景帝采纳了晁错的建议,削弱诸侯国势力。而与汉中央积怨最深的吴国最先开始密谋造反。吴国首先联系并说服胶西王,并在公元前154年,联合胶东、菑川、济南、楚、赵五国发动叛乱,以诛杀晁错为名向长安进发,是为七国之乱。

七国之乱爆发初期,汉景帝采纳袁盎的建议,杀掉晁错为求得诸侯国退兵,并且派袁盎前往吴国军营说服吴王。但是事情并没有按照汉景帝预期进行,诛杀晁错也只不过是诸侯国叛乱的一个借口,其真实目的是为了与汉朝中央分庭抗礼。汉景帝在他人的劝谏下才幡然醒悟,任命周亚夫为平定叛乱的总指挥。

太尉周亚夫听从赵涉的建议,从蓝田出武关,到洛阳,出其不意出现在了前线。周亚夫带领军队向东北抵达昌邑。吴国攻打梁国情势危急,梁国数次派遣使者到周亚夫那里求救,周亚夫不答应,于是又多次派遣使者到汉景帝那里告状。汉景帝让周亚夫去救梁国,周亚夫不遵从天子的诏令,严加防守坚决不出;派遣弓高侯韩颓当等率领轻骑兵攻打淮泗口,断绝吴国和楚国军队的后路,堵塞他们的粮道。梁国派遣中大夫韩安国和楚国丞相张尚的弟弟张羽作为将军;张羽作战十分卖力勇猛,韩安国作战稳重,所以能够数次打败吴国的军队。吴军队想要继续向西,但是梁国城池依然坚守,吴军也不敢西进,所以快速进军,与周亚夫军队对垒,两军在下邑相会,想要速战速决。周亚夫坚守不肯与他作战。吴国和楚国的军队士兵很多人都饿死叛逃四散而去,不得已吴、楚只能率军离开。二月份,周亚夫派遣精锐部队追击吴、楚的军队,打破敌军。吴王刘濞丢下他的军队,以数千强壮士兵为护卫趁着夜色逃走了;而楚王刘戊自杀。后来其他五国的军队也被汉朝军队击溃,最终七国之乱被平定,为汉武帝时期解决诸侯国问题奠定了基础。

巫蛊之祸

汉武帝末年，册立刘据为太子，其母为卫子夫。太子行事方正，但周遭经常有小人在汉武帝面前诋毁太子，太子与汉武帝之间也不免有嫌隙。公元前91年的长安城内，有方士和巫师聚集，并且擅长行幻术，并且有些女巫来到后宫教唆宫女制作木头小人，埋在地下，行诅咒之事，是为巫蛊。后来后宫巫蛊之事被告发，被认为是借机诅咒汉武帝，汉武帝杀掉后宫及大臣数百人。汉武帝也因此埋下心病，白天睡觉，梦到数千木头人来杀他，于是身体越来越不舒服。

有个叫江充的人，因为与太子和卫皇后有嫌隙，怕汉武帝百年之后，新帝继位会杀掉他，于是想了一条奸计想废掉太子。江充跟皇上说皇上身体不好是因为有巫蛊之术诅咒造成的。于是汉武帝派江充去调查巫蛊之事。江充四处以巫蛊之事诬陷，从京城到州郡都在调查巫蛊，因此而丧命的多达万人。

汉武帝这时候已经年龄很大了，疑心越来越重，他认为周边的人都在用巫蛊诅咒他。而汉武帝的这一心理被江充掌握，他指使巫师向汉武帝告状说，宫中有很强的巫蛊之气，不去除，则皇帝病不能好。于是汉武帝命令江充彻查宫中的巫蛊之事。江充将整个长安皇宫翻了一个底朝天,无所不查,没有一个房间不翻过,当然也包括太子宫和皇后后宫。最后江充汇报说:“在太子宫中找到的巫蛊最多,还有写在帛书上的文字,大逆不道。”太子被人诬陷,十分害怕,询问少傅石德应该怎么办。石德用秦太子扶苏的事情提醒刘据,指出现在证据不清,但是很多人都因为巫蛊之事被诬陷而死,劝太子假借皇帝名义杀掉江充。太子本来不想按照石德的方针行事,想去甘泉宫向汉武帝请罪,但是江充逼迫甚急,太子走投无路,只能按照石德的计策行事。太子派门客冒充皇帝使者,逮捕了江充一干人等,并且亲自监杀江充,他骂道:“你这赵国的奴才,先前扰乱赵国,现在又跑来离间我父子!”

太子调发长乐宫的守卫,并且开武库拿武器,长安城一片混乱,人们传言太子谋反。派汉武帝原来不相信太子谋反,使者去长安城召太子来见,却因为使者胆小,不敢进入长安城,便私自返回,诬告太子谋反,汉武帝勃然大怒。汉武帝一方面从甘泉宫返回,驻扎在建章宫,召集军队,并且派丞相刘屈氂捕杀反叛者。而太子认为是有人挟持皇帝叛乱,也召集胡人骑兵前来会合。最后太子的军队与丞相的军队在长乐宫大战,由于更多人相信是太子叛乱,太子失去支持,最终兵败逃走。长安城中追随帮助过太子的人被尽数斩杀,灭族。

令狐茂上书劝说汉武帝,汉武帝深受感动,也逐渐理解太子的行为,但是心中结节还没打开,并没有下令赦免太子。而此时太子逃到湖县躲藏,由于消息泄露,地方官围捕太子,太子被迫自缢身亡。

巫蛊之祸是汉武帝后期政治上的一次大动荡，汉武帝后来更立太子，是为后来的汉昭帝。汉昭帝后，刘贺被废。巫蛊之祸中自杀的戾太子刘据的孙子刘询被立为皇帝，是为汉宣帝。

陈琳檄文

官渡之战前，袁绍命令陈琳撰写讨伐曹操的檄文，檄文中历数曹操的罪恶，并攻击曹家的祖先，极尽丑化诋毁之能事。等到袁绍失败后，陈琳投降曹操，曹操对他说：“你从前为袁绍写檄文，只该攻击我本人，为什么要向上攻击到我的父亲和祖父？”

根据《文选》记载，陈琳为袁绍起草这篇檄文，晓谕当时任左将军豫州刺史的刘备。当时献帝在许都，许属于颍川郡，属于豫州，所以檄文中写豫州。陈琳在檄文中写道：“曹操的祖父曹腾，是从前的中常侍，与左悺、徐璜同时兴风作浪，骄横放纵，损害风化，虐待百姓。他的父亲曹嵩，是曹腾收养的乞丐子，借助赃银而得高位，乘坐金车玉辇，贿结权幸，窃居宰辅，颠覆皇权。曹操是宦官阉人的后代，本来就没什么品德，狡猾任侠，喜欢制造动乱和灾祸。……又多次残害贤能良善之人，控制朝政，盗掘陵墓，文字太多而没被记载这些。”

陈琳谢罪，曹操便赦免他，派他与陈留人阮瑀一同担任主管撰写奏章的记室。

侯景之乱

侯景假造了一封来自东魏都城邺城的书信，信中写道要用贞阳侯萧渊明交换侯景。梁武帝打算答应这一要求。舍人傅岐说："侯景因为山穷水尽才归至正道，投奔梁朝，舍弃了他是不吉祥的。况且侯景也身经百战，他怎么肯束手就擒呢？"谢举、朱异说："侯景是败军之将，用一个使者就会把他召回来。"梁武帝听从了谢举、朱异的话，给邺城回信说："贞阳侯早上一到，侯景晚上就会押送回去。"侯景对左右的人说："我就知道这个老家伙是个薄情寡义之人！"王伟对侯景劝说道："现在，我们等着听候梁国安排也是死，图谋大业也不过一死，希望大王您考虑一下这件事！"于是侯景才开始有反叛之计：将寿阳城内所有的居民都招募为军队的士兵。立即停止收取市场税及田租。百姓之女，都被分派给将士们。

《资治通鉴》卷一百六十二梁纪十八记载，侯景派手下的士兵到几个省里值勤，有的人赶着驴马，带着弓刀，在宫廷中出出进进。梁武帝感到奇怪，询问这是怎么回事，直阁将军周石珍回答说："这是侯丞相的卫兵。"梁武帝听了非常愤怒，斥责周石珍说:“是侯景,为什么管他叫丞相?”旁边的人都很害怕。从此以后梁武帝所提出的要求大多数都不能满足,饮食也被减少,在忧虑与气愤交加的情况下他病倒了……五月,丙辰,梁武帝躺在净居殿,嘴里发苦,要喝蜂蜜却没人拿来,发出了两声“荷！荷!”的声音,便死去了。享年八十六岁。侯景封锁消息不发丧,将梁武帝的遗体收殓后移到了昭阳殿。

张九龄进谏

左拾遗曲江人张九龄，因姚元之拥有崇高声望，深受李隆基的信任，于是签报一份备忘录给姚元之，建议他应远离谄媚浮躁的人，而应接近纯洁忠厚的人，大略说：用人应该只看他的才干能力，施政应该只注意大的方向；而跟有才干能力的人合作，共同管理政府，除此之外，没有第二条路。从前，主管任用官员，并不全是无知人之明，他们之所以乱七八糟，在于引荐出于人情。又说：自从你身居宰相高位，手握人事大权，一些热衷名利之辈，早伸长脖子，紧随着前面人的脚跟，挤到面前。谄媚你的亲戚，希望得到赞扬；结交你的宾客，希望说句好话，这些人中，难道没有人才？当然也有人才，可惜厚颜无耻。姚元之欣然接受。

开元二十一年(733)，前中书侍郎张九龄，正在家为亡母服丧，李隆基强迫他重任中书侍郎。第二年，李隆基擢升张九龄当中书令。

开元二十四年(736)，冬季，十月二日，李隆基离开东都洛阳，返首都长安。先前，李隆基宣布明年(737)二月二日启程西返，但突然洛阳宫出现了妖怪。第二天，李隆基召见宰相，讨论是不是可以立即动身。侍中裴耀卿、中书令张九龄说:“现在,农家庄稼还没有收割完毕,请等到十一月。”李林甫知道皇帝的心意,等两位宰相离开时,他单独留下,对李隆基说:“长安、洛阳,不过是陛下的西宫、东宫;来往停留,选择什么日子!即令妨碍秋收,只要免除沿途人民捐税就够了,请允许我通知政府各机关,即日西行。”李隆基高兴地准奏了。经过陕州时,因州长卢奂政绩突出,李隆基在州政府公堂题字赞美,然后才走。

朔方战区节度使牛仙客,之前在河西战区节度使任内,节省开支,紧缩消费,提高士气,充实仓库,武器全都精良锋利。李隆基听到后,深为嘉许,打算加给他尚书官衔,张九龄反对,说:“不可。尚书是古代皇家纳言职位。唐王朝建立以来,只有当过宰相的,以及名扬天下、有德行的人,才能充任。牛仙客本来是河西战区小职员,如果突然擢升他到最高权力阶层,恐怕对帝国是一种羞辱。”李隆基说:“那么,封他一个爵位,如何?”张九龄说:“不可。封爵的目的是奖励别人建立功劳,边防军将领充实仓库,修理武器,是他应尽的职责,并不是功劳。陛下认为他工作勤奋,赏赐他金银绸缎就够了;分割国土,封他爵位,恐怕并不恰当。”李隆基沉默不讲话。李林甫奏报说:“牛仙客具有宰相的才能,岂止尚书而已!张九龄不过一个书呆子,不识大体。”李隆基高兴。第二天,再提封牛仙客爵位的事,张九龄仍坚持昨天的意见。李隆基暴怒,脸上变色,说:“事事你都要做主?”张九龄跪下叩头说:“陛下不知道我愚昧,命我在宰相位置上听候差遣,事情有不妥当时,我不敢保留我的意见。”李隆基说："你嫌牛仙客出身卑贱！像你，你有什么高贵门第？"张九龄说："我本是岭南海边一个孤寒卑贱的小民，不如牛仙客生长中原之地。可是，我服务中央各单位，负责撰写皇上诏书，历时多年，牛仙客出身却是边塞微贱小官；而且，又目不识丁，如果擢升他当宰相，恐怕不能使人心服。"李林甫退朝后，说："只要有才干胆识，何必要会文学！天子用人，还受什么约束！"

十一月二十三日，李隆基封牛仙客当陇西县公爵，采邑实封三百户人家。当初，李隆基准备擢升李林甫当宰相时，征求最高立法长中书令张九龄的意见，张九龄回答说："宰相的职位重要，影响帝国的安危，陛下用李林甫当宰相，我恐怕有一天会给皇家祖庙带来灾难！"李隆基不接受。当时，张九龄正由于文学造诣，受皇帝器重，所以李林甫虽对张九龄怨恨，仍小心顺从。裴耀卿跟张九龄友善，李林甫迁怒，连他一并厌恶。如今，李隆基在位日久，行为渐渐放肆，追求奢侈，私欲扩张，对国家政事，开始懈怠厌倦。张九龄不了解这些，对认为不合适的事情，无论大小，仍然据理力争。李林甫却十分灵巧，尽量迎合皇帝心意，每天设计用什么方法迫害张九龄。

李隆基自从坐上皇帝宝座，所任命的宰相中，姚崇之崇尚通达，宋璟崇尚法治，张嘉贞崇尚基层负责，张说崇尚文学修养，李元纮、杜暹崇尚节俭，韩休、张九龄崇尚正直，各有各的长处。张九龄既被排出权力中心，从此之后，政府官员为了保全官位俸禄，再听不到公正直率的言论。

安史之乱

安禄山，本是营州一个小蛮夷部落的人，最初名阿荦山。他的娘亲是一名女巫；老爹死后，娘亲带着他再嫁给突厥人安延偃。正巧安延偃所属的部落破败溃散，阿荦山就跟安延偃的侄儿安思顺，一起投奔唐王朝，改姓安名禄山。张守珪任命安禄山当捉生将，安禄山时常率几名骑兵出塞，总能生擒活捉契丹部落数十人而回。他狡狯圆滑，非常了解人情。张守珪对他十分喜爱，收作义子。

开元二十四年(736)，幽州节度使张守珪命安禄山讨伐奚部落及契丹部落逃亡人口。安禄山仗恃自己勇敢，轻敌前进，被这两部落击败。张守珪上疏奏请斩安禄山。在绑赴刑场，临处决前，安禄山呼喊说："司令官，你难道不打算消灭奚部落和契丹部落？为什么杀我安禄山？"张守珪珍惜他是一员勇将，下令停刑，押送京师。中书令张九龄签注意见，说："从前，田穰苴诛杀庄贾，孙武诛杀国王妃嫔(孙武晋见吴王阖庐，强调兵法，阖庐问：'兵法是不是可以用到妇女身上？'孙武说：'当然可以。'阖庐派美女一百八十人，分成两队，由两位得宠的小老婆，手拿铁戟,分别担任队长。孙武宣布军令,解释兵法,三番五次,最后训练开始,战鼓响时,美女们仍在那里笑嘻嘻,孙武说:‘军令不能执行,兵法不够熟悉,是将领的过失。’再一次下令,左队美女又大笑,孙武遂斩左队队长示众,把副队长擢升队长,再擂战鼓,美女各种动作,都合规矩)。张守珪的军令如果能够执行,安禄山不应免除一死。”李隆基怜惜安禄山的才干,下令免除他的官位,而以平民身份代理现职。张九龄坚决反对,说:“安禄山违抗命令,军队在战场上覆没,依照军法,不可不死。而且,我观察安禄山,是一种叛徒的相貌,今天不杀,定有后患。”李隆基说:“你如果用王衍看透石勒的往事(《晋书·石勒载记》:石勒十四岁时,常随他的同乡到首都洛阳做生意,曾靠着上东门,作声长啸,宰相王衍恰巧看到,十分奇异,对左右说:‘那个蛮夷小孩子,我看他的面貌,听他的声音,有夺取政权的奇志,恐怕给天下带来灾难。’急派人搜捕,石勒早已走掉),会枉害忠良。”乃下令赦免。

天宝十四载(755)二月二十二日,安禄山派副将领何千年到京师奏报:请求用三十二位蛮夷将领,代替汉人将领。唐帝李隆基命立刻下诏发布人事命令,给予委任状。宰相韦见素提醒杨国忠说:“安禄山早就有叛变企图,而今竟然提出这种要求,叛变行迹已十分明显。明天早朝,我将竭力规劝;皇上如果仍不采纳我的意见,请你发言支持。”杨国忠承诺。

二月二十三日,杨国忠、韦见素联合晋见,李隆基迎面就说:“你们是不是有点怀疑安禄山?”韦见素坚定指出安禄山的谋反行为已经显露,所提任用蛮夷部落将领,排除汉人将领的办法,绝不可接受;李隆基大不高兴。杨国忠看情形不对,吞吞吐吐,不敢开口;李隆基终于批准安禄山的请求。另一天,杨国忠、韦见素建议李隆基说:“我们有办法化解安禄山的阴谋,那就是任命安禄山当宰相,征召他进京任职;而命范阳节度副使贾循升任节度使,平卢节度副使吕知诲升任节度使,河东节度副使杨光翙升任节度使;安禄山的势力,自然分散。”李隆基同意。诏书的草稿已经拟好,但在呈请李隆基批准的时候,李隆基却把它留在案头,不作处理,更派宦官辅璆琳,去范阳郡专程送水果给安禄山,同时暗中观察安禄山的动静。辅璆琳接受安禄山的贵重贿赂,回京之后,坚称安禄山忠君爱国,没有二心。李隆基对杨国忠等人说:“安禄山,我推心置腹待他,他一定不会有其他的想法。东北两个蛮虏部落,靠他抵御。我可以当他的保人,你们不要忧虑!”事情遂被搁置。

安禄山自从京师回到范阳郡,中央每次使节驾到,安禄山都声称自己有病,不出城迎接,而改在总部接见。接见时,也一定严密戒备。裴士淹抵达范阳郡二十余天,才被安排晋谒,安禄山态度傲慢,不再有臣属的礼节。杨国忠也日夜不停地搜集跟制造安禄山的叛变情报,命京兆尹包围安禄山在京师的住宅,逮捕安禄山的宾客李超等,押解御史台狱,秘密处死。安禄山的儿子安庆宗,与皇族女儿荣义郡主定婚,留在京师任职,派人密报安禄山,安禄山越发恐惧。

六月,李隆基因安禄山的儿子安庆宗婚期在即,亲手书写诏书,征召安禄山前来京师观礼,安禄山托辞有病在身,不肯参加。

秋季,七月,安禄山上疏说,准备呈献牧马三千匹,每匹马夫二人，另派蛮夷将领二十二人，各率他们的部落军护送。河南尹达奚珣怀疑其中有诈，奏报说："请皇上训令安禄山，呈献车马，最好等到冬天，沿途由政府供应差役，不需部落军护送。"此时，李隆基渐渐有点醒悟，开始对安禄山怀疑。正巧，辅璆琳接受安禄山贿赂的事泄露，李隆基找一个借口，把他扑杀。再派宦官冯神威携带亲笔诏书，征召安禄山前来京师，完全采纳达奚珣的意见；为了加强效果，还感性地说："最近特别给你开凿一个温泉池，十月间，我在华清宫等你前来相见。"冯神威抵达范阳郡，宣读诏书，安禄山弯曲双腿，傲慢地坐在床上，只微微地欠了欠身，也不下跪叩头，只淡淡地说："圣人平安！"又说："不献马就不献马，十月，我会大摇大摆到长安！"命左右把冯神威安置在招待所，不再接见。停了几天，命他返京，也没有奏章。冯神威回到京师，叩见李隆基，哭泣说："我差点见不到大家！"

很快，范阳节度使安禄山叛变，直接控制三个战区。安禄山夺取政权的阴谋，将近十年，因李隆基待他恩德太厚，原本打算等李隆基逝世后再采取行动。可是，身为宰相的杨国忠，跟安禄山之间，互相怨恨，屡次指控安禄山就要起兵，李隆基不信。杨国忠不断做出刺激安禄山的事，希望他在忍无可忍下作武力反应，使李隆基相信自己的判断。安禄山因此不得不提前发动叛乱。计划在极端秘密下进行，只安禄山一个人跟孔目官太仆丞严庄、掌书记屯田员外郎高尚、将军阿史那承庆，参与商议布置，其他将领跟文官系统，一点都不知道；大家唯一感到异样的是，自八月以来，安禄山不断犒赏士卒，喂饱战马，磨利武器。正巧，派遣奏事官从首都长安回来，安禄山遂伪造一份李隆基的诏书，然后集合所有将领，拿给他们看，说："奉到密旨，命我率军前往中央讨伐杨国忠，各位应立即回营，立刻出发。"大家面面相对，大为惊愕，你看我，我看你，没有一个人敢说一句反对的话。

十一月九日，安禄山动员所有的直属武装部队，联合同罗部落、奚部落、契丹部落、室韦部落，共十五万人，对外宣称二十万，在范阳叛变。安禄山命范阳节度副使贾循，留守范阳；平卢节度副使吕知诲，留守平卢军基地；别将高秀岩，留守大同军基地。各将领接到命令后，率军连夜出动。

第二天一早，安禄山出蓟城到城南，举行大规模阅兵，向全国宣布：出兵目的只在讨伐杨国忠。在大营公布文告说："胆敢反对，扰乱军心的，屠杀三族。"遂率军南下。安禄山乘坐防箭铁轿，步骑兵全是最精锐的野战部队，烟雾尘土，飞扬千里，战鼓声及车马声、号令声，震动天地。当时，全国太平时期已久，人民一连几代，不知道什么是战争。突然听到范阳郡兵变，无论远近，都惶恐惊骇。河北道本是安禄山的辖区，所有州县，望见蔽天的风沙，就立刻瓦解，郡长县长或大开城门，出来迎接；或放弃职守，逃窜躲藏；或被生擒处死，没有一个城池敢起兵拒抗。安禄山先派将军何千年、高邈，率奚部落军二十人，声称前往首都长安，向皇帝呈献神箭手，乘驿马车直赴太原。

十一月十日，太原府上疏李隆基，奏报经过情形。受降城也上疏奏报安禄山叛变。但李隆基仍认为是安禄山的仇人造谣，不肯相信。

十一月十五日，事实证明安禄山确已叛变，李隆基才召集全体宰相，商议如何应对。右相杨国忠大喜过望，脸上掩饰不住得意非凡的表情,向李隆基保证说:“只安禄山一个人叛变罢了,将领士卒们全都反对。顶多十天,一定把安禄山的人头,献给陛下。”李隆基也认为如此,只文武百官们面面相觑,脸无人色。李隆基派特进毕思琛前往东京洛阳,左金吾将军程千里前往河东郡,分别招募士卒数万人,就地训练,用以抵抗安禄山叛军。

十一月十六日,安西节度使封常清,到京师朝见。李隆基问他讨伐叛军的策略,封常清夸口说:“只因为太平日子太久,所以人民听到盗贼风声,就害怕得不得了。然而,事情有逆有顺,形势有变有常。请准许我立刻前往东京,打开政府金库,招募勇士,挥起马鞭,北渡黄河,用不了几天,就可以把叛蛮(安禄山)的人头,呈献宫门。”李隆基大为高兴。

十一月十七日,李隆基任命封常清当范阳、平卢节度使。封常清当天就乘政府驿马车前往东京洛阳招兵买马,十天之间,集结六万人,于是拆除河阳桥,充实防御设备。

十一月二十一日,李隆基回长安宫。下令斩安禄山的儿子安庆宗,又命他的妻子荣义郡主自杀。十二月二日,安禄山从灵昌渡口渡黄河南下,用粗绳拴住一些破船和一些野草木材,从北岸拉到南岸,一夜之间,河水结成坚冰,好像一条浮桥,遂攻陷灵昌郡。范阳兵团漫山遍野,汹涌而来,人们不知道它的确实数字,所经过的地方,屠杀摧残,一片残破。新任的河南节度使张介然,到陈留郡才几天,安禄山已经抵达,张介然发武器给士卒,命他们登城拒抗,大家慌成一团,根本无法守城。

十二月五日,陈留郡郡长郭纳,献出城池,向安禄山投降。安禄山进入北门外城,才听到安庆宗死亡消息,大哭说:“我犯了什么罪？竟杀掉我的儿子！”当时，陈留郡投降的士卒，排在道路两旁，将近一万人，安禄山把他们全部诛杀，用来发泄心中的愤怒。在大营门前，斩张介然，命范阳战区将领李庭望当河南节度使，留守陈留郡。

十二月七日，李隆基下诏，声称御驾亲征，朔方战区、河西战区、陇右战区所有武装部队，除留下少数人保护边城外，其余的全部调赴东征大营。又命各战区部队由各节度使亲自率领；期限二十天，到大营报到。

十二月十二日，安禄山攻陷东京洛阳，叛军从东西南北四门，呐喊进城，大肆屠杀抢劫。封常清在驿马车总站再战，又大败；退到宣仁门再战，又大败。无可奈何，拆除皇城西墙，向西落荒逃走。

李隆基考虑御驾亲征。

十二月十六日，李隆基下诏命太子李亨监督国政，对宰相们说：“我在位将近五十年，对国事付出太多的忧虑和辛劳，身心都感到疲倦。去年秋季，本来打算传位给太子；只因水灾旱灾，交替不断，不想把灾难留给子孙，因循下来，希望等到丰收之年。想不到东胡叛徒，发动兵变，我自当亲自出征，且命太子监督国政。等到战乱平息，我就要过清净无为的日子了！”杨国忠大为恐惧，退朝后对杨家三姐妹韩国夫人、虢国夫人、秦国夫人说：“杨家专权已久，太子对我们一向厌恶，如果他掌握大权，我跟各位姐妹，早晚之间，都会一死！”抱头大哭。于是，使三姊妹说服贵妃杨玉环，由杨玉环千方百计说服李隆基；御驾亲征这件事，遂被搁置。

天宝十五载(756)春季,正月一日,叛军领袖安禄山,在东京洛阳登极,建立燕帝国,自称大燕皇帝,改年号圣武。

吐蕃和亲

贞观八年(634)十一月十六日,吐蕃国王勃窣野弃宗弄赞,派使节前来大唐进贡,并且请求娶唐朝公主。

吐蕃王国位于吐谷浑汗国西南,七世纪以来,逐渐强盛,不断吞并邻近其他国家,疆土广大,可以随时作战的军队有数十万人,然而从没有跟唐帝国来往,国王称“赞普”,人民习惯上没有姓,皇族称“论”,贵族称“尚”。弃宗弄赞勇敢而有谋略,四邻对他都很畏惧。李世民派使节冯德遐前住慰问安抚。

贞观十二年(638),当初李世民派使节冯德遐,前往吐蕃王国安抚,吐蕃国王弃宗弄赞,听说东突厥可汗、吐谷浑可汗都娶唐朝公主,遂派使节陪伴冯德遐,前来唐帝国朝见,携带大量金银珠宝,也上疏请求娶唐朝公主;李世民不许。吐蕃使节回国,报告弃宗弄赞说:“我刚到唐朝时,大唐待我非常优厚,答应大王可娶公主。可是,偏偏吐谷浑可汗到大唐朝见,从中挑拨离间,大唐对我的礼遇才渐渐淡薄,终于拒绝通婚。”弃宗弄赞大怒,遂出军攻击吐谷浑。吐谷浑不能支持,逃往青海湖之北,人民牲畜很多被吐蕃王国俘虏。

八月二十九日,执失思力、牛进达、刘简率步骑兵五万人,迎战吐蕃军。吐蕃军攻松州城十余天;唐政府军由牛进达担任先锋。

九月六日,牛进达乘吐蕃军不备,就在松州城下把吐蕃军击败,杀一千余人。吐蕃国王弃宗弄赞恐惧,率军撤退,派使节前来大唐道歉,但仍请求娶唐朝公主,李世民同意。

贞观十四年(640)闰十月二十三日,吐蕃王国国王弃宗弄赞,派他的宰相禄东赞,向唐帝国进贡黄金五千两,及珠宝珍玩数百种,请求通婚。李世民封皇族一位女儿当文成公主,准备出嫁。

贞观十五年(641),春季,正月十二日,唐王朝皇帝李世民,任命吐蕃王国宰相禄东赞,当右卫大将军。李世民对禄东赞外交礼节的熟练和得体的应对,十分欣赏,决定把琅琊公主的外孙段女士嫁给他,禄东赞推辞说:"我在本国早有妻子,是父母为我聘娶,不敢遗弃。而且国王还没有见公主,身为使节,怎么可以先娶?"李世民越发认为他贤明,然而为了帝国利益,必须用深厚的恩情笼络,仍勉强禄东赞接受。

正月十五日,李世民命礼部尚书江夏王李道宗"持节",护送文成公主前往吐蕃王国。国王弃宗弄赞大喜,以唐朝女婿的礼节,叩见李道宗,羡慕唐朝衣服和仪卫队的豪华盛大,特别替文成公主兴筑一座城池宫殿,让她居住,而自己也改穿绸缎衣服,才和公主见面。吐蕃风俗,喜爱把红颜料涂到脸上,文成公主厌恶,弃宗弄赞为她下令禁止,而他自己的凶暴猜忌性格,也逐渐革除,还派遣皇家子弟前来唐朝国立贵族大学留学,研读儒家学派经典。

从“租庸调制”到“两税法”

武德七年(624),唐政府首次制定“人民田赋捐税劳役条例”(租庸调法)。

田赋(租):凡成年男子,由政府配给农田一顷(一百亩),有重病的人配给四十亩,没有丈夫的寡妇配给三十亩。十分之二作为私产,永远保持,可遗留给子孙;十分之八则在身死之后交还政府,再配给其他的人。每个成年男子每年向政府缴纳粟米二石(音 dàn)。

捐税(调):每一成年男子,可以依照当地特产,选择薄绸(绫)、厚绸(绢)、粗绸(絁,音 shī)、棉布,缴送政府(厚绸[绢]二匹、薄绸[绫]及粗绸[絁]二丈、棉布二丈四尺、棉花三两、麻三斤,没有养蚕的地区,则缴纳代金十四两白银)。

劳役(庸):每一成年男子,每年应为政府服劳役二十天,闰月则加三天。不愿服劳役的,可以缴纳代金,每天折合厚绸(绢)三尺。政府有事,要人民加服劳役达十五日,则免除本年捐税(调);加服劳役达三十日,则田赋(租)、捐税(调)全部免除。

遇到水灾、旱灾、虫灾、霜灾、庄稼损失四成以上的，免除田赋（租），损失六成以上的，免除捐税（调），损失七成以上的，连劳役（庸）也免除。

人民产业财富，分为九等（上中下各级再分三等）。

四家称“邻”，四邻（十六家）称“保”，一百家称“里”，五里（五百家）称“乡”。城市之中，行政最小单位称“坊”，城市之外乡野，最小行政单位称“村”。

唐政府再规定：政府公务人员，不可以经商，不可以和人民争夺利益。从事工业或商业的人，不准在政府任职。婴儿出生时称“黄口”，四岁时称“小口”，十六岁时称“中口”，二十岁时称“丁口”，六十岁时称“老口”。

唐政府又规定：每年制定田赋账册；每三年作人口普查。

武德九年（626），十一月二十一日，李世民跟文武官员讨论如何肃清盗贼。有的人主张使用重刑，李世民嗤之以鼻，说：“人民所以沦落成为盗贼，原因在于赋税沉重，劳役繁多，贪官污吏又向他们勒索敲诈，无食充饥，无衣御寒，所以才顾不得廉耻。我应该戒除奢侈，节省各种开支，减少人民劳役，减轻人民田赋捐税，选任清廉的官员，使人民穿得暖，吃得饱，而且还有盈余，自然没有人去当盗贼，怎么用得着重刑！”

自此，数年以后，四海之内，一派升平，道路上遗失东西，都没有人捡，家家户户大门都不关闭，商人旅客，住宿荒野，都平安无事。

李世民又曾经对他左右侍从臣属说：“君王依靠国家，国家依靠人民。剥削人民侍奉君王，跟割自己的肉吃下肚子一样，肚子吃饱，人也死亡；君王富裕，国家消灭。君王最大的灾难，不是从外而来，而是由内产生。必须了解，凡事要讲排场、好面子，一定要大量花费，为了供应消耗，一定要加重田赋捐税；田赋捐税太多，人民一定悲愁；人民悲愁，国家一定危险；国家危险，则君王丧亡。我常常想到这些，所以不敢随心所欲。”

大历六年(771)，自从安禄山兵变发生以来，政府征收田赋捐税，毫无节制，仓库收入和支出，也没有法令规则可以遵循，国家财源枯竭。韩滉廉洁勤快，对账务运作尤其精通，于是制定田赋征收及运输法规，严格执行，对部属赏罚分明，部属对他不敢欺骗。同时，也恰巧遇上连年丰收和边境平安，因此仓库逐渐积存，开始充实。

大历十二年(777)，平卢战区、魏博战区、成德战区、山南东道战区，四战区(藩镇)各自盘踞一方，互相结盟，虽然口头上宣称服从中央政府，但事实上拒绝执行中央政府的法令；所有官属的任命、军队的调遣，都自己做主；田赋捐税，全部留作自用，杀人活人等法庭审判，更由自己裁决。

大历十四年(779)，依照惯例：中央政府每年收入的现金及绸缎，都储存国库，春夏秋冬四季，由太府寺呈报数量多少。后来，第五琦当度支使及盐铁使时，京师多的是权势烜赫的武将军阀，索取供应，毫无限制，而且行为凶暴，第五琦无法拒抗，只好上疏建议全部储存皇宫里的大盈库，交给宦官管理。然而，这固然阻止悍将逞凶，但皇帝使用起来，也大为方便，所以再也不能迁出。政府的公赋，遂成为君王的私房，主管机关不知道国库存量，无法统计查考，几达二十年。主管大盈库的宦官，有三百余人，侵占其中财产，勾结袒护，结成一个坚固的既得利益团体，不可动摇。

宰相杨炎，跪在李适面前，叩头请求说："财政赋税，是立国的基础、人民的命脉，国家治乱安危的关键，没有一件事不跟它有关。所以，从前都派重要官员负责主持，仍难免有无谓消耗或账目不清情事。而今，单由宦官管理，以至开支多少？收入多少？有没有盈余及亏损？高级官员全都不知，政治上的弊害，没有比这更为严重。因之我建议把公赋从宫里迁出，交还给政府主管机关。宫中所需，请估计一个数目，由国库如数缴纳，不敢缺少。如此，政府才可以推行政令。"

李适当天即行下诏，说："全国所有财赋收入，一律遵照过去惯例，全部归还国库。只每年选择精致的上好绸缎三五千匹，送交大盈库。"

建中元年（780）春季，正月一日，唐王朝改年号建中。文武百官向唐帝李适呈献尊号，称圣神文武皇帝。赦免天下。采用宰相杨炎的建议，下诏说："中央擢升黜陟使、观察使、州长，应负责评估人民财产，厘定等级，实行'两税法'（唐王朝本行'租庸调法'，参考624年四月，租是田赋、庸是劳役、调是捐税，现在合并，一律用钱缴纳，每年两次，夏季缴纳者称夏税，不超过六月；秋季缴纳者称秋税，不超过十一月，合称两税）。其他所有新旧各种名目的苛捐杂税，全都取消。政府除了'两税'外，如有人敢多征收一文钱的，以知法犯法定罪。"

唐王朝初年，政府征税的方式，分为"田赋"（租）、"劳役"

（庸）、“捐税”（调）。有田地就应缴田赋（租）、有成年人就应服劳役（庸）、有户籍就应缴捐税（调）。李隆基在位末年，政府档案逐渐破坏失散，残留下来的记载，也很多跟实际不合。756年，全国战乱，各地征收，急如星火，完全不依常规。负责征收的机关不断增加，可是互相间谁也管不着谁；于是各自巧立名目，增加法条，旧的还没有废除，新的已经实施，没有停止的一天。富家子弟不是当官，就是出家当和尚，都可以免除赋税劳役；贫家子弟却无法逃避。于是，富家越发优裕，贫家越发穷苦，贪官污吏们利用机会，剥削压迫，十天半月就征收一次，人民无法负担这项苛刑，大多数都弃家逃走，流向四方谋生，仍留在本乡的，不会超过十分之四五。

到了现在，宰相杨炎创立“两税法”：事先估计州县每年开支，加上呈缴中央的数目，然后，量出为入，要求人民缴纳这个数目。户口不管是土著或流民，只要定居，就登记入籍，人口不论青年（十八岁以上）、壮年（二十三岁以上），而只依照贫富划分等级。至于做生意的商人，负担所在州县总岁收的三十分之一，使他们跟定居不动的农业户一样，不能逃避纳税义务。农业户的税收，分为秋、夏两季征取。所有田赋（租）、劳役（庸）、捐税（调）以及其他苛捐杂税，全部取消，由全国财政总监（度支）负责统筹办理。

李适接受这项改革，利用颁布大赦令的机会，颁布这项新的税法。

780年之前，田赋捐税的征收、开支，以及官员薪俸的多少，都没有法令可以根据，一切由机关首长决定，加上元载、王缙当权,贿赂公开,全国不惩治贪污,将近二十年。只发生一件:江西道观察使路嗣恭,检举虔州州长源敷翰,判处流刑。

李适认为薛邕温文儒雅,又是过去的旧部,特地擢升他到中央任左丞。薛邕临离开宣州时,侵吞政府财产以万万钱为计算单位,殿中侍御史员寓揭发。

冬季,十月九日,贬薛邕当连山县尉。于是州县官员才开始畏惧法律的尊严,不敢贪赃枉法。

本年(780)统计,全国纳税人三百零八万五千零七十六户,适龄青年七十六万八千余人,全国税收一千零八十九万八千余缗,米谷二百一五万七千余斛。

黄巢起义

乾符元年(874),濮州人王仙芝,首先聚集饥民数千人,在长垣起事。第二年,长垣变民首领王仙芝跟他的同党尚君长,攻陷濮州、曹州,变民军已有数万人。天平节度使薛崇派军迎战,被王仙芝击败。冤句人黄巢,也集结变民数千人,响应王仙芝。黄巢年轻时跟王仙芝都贩卖私盐。黄巢对骑马射箭十分精通,豪放侠义,粗略读过儒家经典,屡次参加“进士科”考试,屡次落第,遂聚众起兵,跟王仙芝一同抢劫州县,横行山东,缴不出赋税或失去土地的贫苦人民,都争先恐后向他归附,几个月时间,部众已达数万人。

乾符三年(876)长垣变民首领王仙芝,进攻蕲州。蕲州州长裴偓,是宰相王铎当总考试官时录取的进士。王镣在变民军中,替王仙芝写信给裴偓,裴偓遂跟王仙芝约定,双方停止战斗,允许奏请皇帝招安,赐给他一个官职。王镣也说服王仙芝接受这项条件。裴偓遂大开城门,延请王仙芝以及黄巢等高级干部三十余人进城,盛宴款待,摆出大量金银财宝,全部送给他们,上疏陈述招安请求。多数宰相都认为:“先帝拒绝赦免庞勋,一年后终于把他诛杀。王仙芝不过一个小小蟊贼，怎么能跟庞勋相比。如果赦免他的叛乱大罪，又给他官职，反而鼓励奸邪。”但王铎坚持招安，中央批准。遂命王仙芝当左神策军押牙兼监察御史，中央派宦官把任命状送到蕲州颁发。

王仙芝得到官职，十分高兴，王镣、裴偓都向他道贺，还没有告辞，黄巢因为官职没有落到自己头上，勃然大怒说：“开始的时候，我们向神明立下滔天大誓，除暴安良，横行天下，现在，你却为自己弄了一官半职，一个人独去左神策军到差，使我们五千多名将士，往哪里投奔？”挺身殴打王仙芝，王仙芝的头部受伤，部众也喧哗吵闹，王仙芝恐惧，遂拒绝接受，大肆剽掠蕲州，城里居民，一半被杀，一半被裹胁而去，官舍民房，焚烧成一片灰烬。裴偓逃往鄂州，钦差宦官逃往襄州，王镣仍被变民军掳走。变民军遂分为两支，三千余人追随王仙芝及尚君长，二千余人追随黄巢，各奔前程。

乾符五年(878)，曾元裕奏报说：在黄梅大破长垣变民首领王仙芝，杀五万余人，追击，斩王仙芝；把人头呈献京师，党羽部众星散。冤句变民首领黄巢正包围亳州，还没有攻下，尚让率王仙芝残余部众前去投靠，推举黄巢当最高领袖，称“冲天大将军”，年号王霸，任命文武百官及僚属。随即攻陷沂州、濮州。但不久就不断被政府军击败，于是，写信给天平节度使张裼，请上疏皇帝招安。李儇下诏命黄巢当右卫将军，先赴郓州解除武装，遣散部众，然后前往京师到差。黄巢不予理会。冤句变民首领、冲天大将军黄巢，率军渡长江南下，一连攻陷虔州、吉州、饶州、信州等州。

十二月十三日，黄巢攻陷福州，福建道观察使韦岫，放弃城池逃走。乾符六年（879），镇海节度使高骈，派将领张璘、梁缵分道攻黄巢，屡次把变民军击败，黄巢手下将领秦彦、毕师铎、李罕之、许勍等数十人，分别投降。黄巢遂转向广南。黄巢写信给浙东道观察使崔璆及岭南东道节度使李迢，表示只要中央任命他当天平战区节度使，他就接受招安。二人奏报皇帝，中央拒绝。黄巢直接上疏，请求命他当广州节度使，李儇命高阶层官员讨论。于琮反对，认为："广州是国际船舶及海外珠宝聚集的地方，怎么可以让盗匪得到！"也不同意，另行讨论任命其他官职。

六月，宰相建议任命黄巢当率府率；李儇批准。九月，黄巢接到唐政府任命状，大怒若狂，破口诟骂那些当权高官，向广州急行攻击，当天即行攻陷，活捉岭南东道节度使李迢，辗转剽掠辖区各县。黄巢命李迢上疏陈述自己的感受，李迢说："我世代都受帝国恩德，亲戚满布政府，手腕可以砍断，奏章不可以写。"黄巢遂诛杀李迢。

黄巢在岭南，士卒受瘴气瘟疫传染，死亡十分之三四，高阶层干部劝他回北方图谋大事，黄巢接受。遂自桂州编制大木筏数十条，乘着山洪暴发，水势湍急，顺湘江而下，经过衡州、永州。十月二十一日，抵达潭州城下。唐政府行营副都统李系登城固守，不敢出战，黄巢急行攻击，只一天，便把城攻破，李系逃往朗州。黄巢下令屠杀政府军所有士卒，尸首塞满湘江，顺流而下。变民军将领尚让乘胜逆长江而上，进逼江陵，号称大军五十万。当时，各道特遣兵团还没有集结完成，江陵守军不满一万人。都统王铎心胆俱裂，命他的部将刘汉宏留下来保护江陵，而自己率部众逃奔襄阳，声称跟山南东道节度使刘巨容会师。再料不到，王铎离开之后，刘汉宏立刻发动兵变，在江陵大肆剽掠，纵火焚烧，全城几乎平为废墟，人民逃窜山谷。不巧又遇上大雪，满山遍野都是被杀死或被冻死饿死的僵尸。十余天后，冤句变民军才到。刘汉宏，是兖州人，于烧杀抢劫之后，率领部众北返，正式成为盗匪。

黄巢由江陵北上，直扑襄阳，山南东道战区司令官刘巨容，会同江西招讨使淄州州长曹全晸，联军驻防荆门阻截。变民军抵达，刘巨容在林中埋伏兵马，曹全晸率轻装备骑兵迎战，伪装无法取胜，向后撤退，变民军追击，政府军发动埋伏，大破变民军，乘胜向南追击，一直追到江陵城外，格杀及俘虏十分之七八。黄巢跟尚让收拾残兵败将，渡长江向东逃走。有人劝刘巨容继续追击，就可以把变民军一网打尽。刘巨容说："最高领袖喜爱辜负人，紧急的时候对人又升官又赏赐，一旦平定，就把人抛弃，甚至还定罪判刑，不如留些盗匪在世界上，作为升官发财的资本。"大家才停止。只曹全晸渡过长江，继续追击，但正巧中央命泰宁战区都将段彦谟，代替曹全晸当招讨使，曹全晸也停止行动。因此，变民军声势再度振作，攻击鄂州，攻陷外郭，辗转剽掠饶、信、池、宣、歙、杭等十五州，部众多达二十万人。

广明元年(880)，黄巢驻扎信州，瘟疫流行，士卒患病，很多人丧生。淮南战区将领张璘急行攻击，黄巢不能抵抗，十分窘迫，于是乞灵于贿赂，呈献张璘大量黄金，并写信给淮南节度使高骈，请求准许他投降，为了证明诚意，还要求高骈向中央保举自己当官。高骈也打算把黄巢骗来生擒活捉，于是允许替他取得节度使任命状。当时，昭义、感化、义武特遣兵团，都已抵达淮南，高骈唯恐别人抢去他的功劳，于是迫不及待上疏给皇帝说：盗匪不久就要扫平，不再需要各军协助，请他们各返原防。中央批准。

黄巢侦察到各战区特遣兵团纷纷渡淮河北上，立刻跟高骈断绝来往，并且要求决战。高骈大怒，下令张璘攻击，想不到大败，张璘就在战场上被杀，变民军声势重振。黄巢号称大军十五万，而曹全晸的部众才六千人，奋勇迎战，有相当的杀戮、俘虏，但终因众寡相差太大，无法抵挡，退驻泗州，等候各路援军抵达后联合反击。可是高骈竟不出兵救援，变民军攻击，把曹全晸击破。

黄巢攻陷申州，遂进入颍、宋、徐、兖等州境，兵锋所到之处，官民人等纷纷逃窜溃散。汝、郑围堵指挥使齐克让奏报说："黄巢自称天补大将军，发布文告，通告政府各军，声称：'你们最好各守岗位，不要冒犯我的先锋！我就要进入东都，再到京师，我只想亲自审问罪犯，不干大家的事。'"李儇召集宰相商议。豆卢瑑、崔沆请征调关内各战区特遣兵团及左右神策军，守卫潼关。

十一月十二日，冬至，李儇登延英殿，对着宰相，惶恐焦急，流泪哭泣。皇家观察兵马阵容最高监军宦官田令孜奏报说："请准我遴选左右神策军弓箭部队，前去守卫潼关，我愿充当都指挥制置把截使。"李儇说："禁卫将士不熟悉战场厮杀，恐怕没有用处。"田令孜说："从前，安禄山叛变，玄宗前往巴蜀避难！"崔沆说："安禄山只有五万人，比起黄巢，不能相提并论。"豆卢瑑说:“哥舒翰有十五万大军,仍守不住潼关,现在黄巢大军有六十万,而潼关却没有哥舒翰的庞大军队。幸好田令孜为帝国着想,事先都有安排,三川节度使,都是他的心腹,比起玄宗,现在可是早有准备。”李儇大不高兴,对田令孜说:“你姑且替我派军防守潼关!”

十一月十二日,李儇前往左神策军,亲自检阅。田令孜推荐左神策军骑兵将军张承范、右神策军步兵将军王师会、左神策军兵马使赵珂。李儇召见三人,命张承范当兵马先锋使兼把截潼关制置使,王师会当制置关塞粮料使,赵珂当句当寨栅使;命田令孜当左右神策军内外八镇及诸道兵马都指挥制置招讨使等职,杨复恭当副总指挥暨副征剿司令。

十一月十三日,齐克让奏报说:“黄巢已进入东都边境,我集结残兵败将,退保潼关,在关外兴建营寨阵地。政府军将士经过长期战斗,早就缺少物资粮食,州县残破,不见人烟,东西南北,看不到一个政府官员,我们又冻又饿,内外交迫,而武器也都破旧迟钝,士卒思念家乡,深恐忽然崩溃,大家四散逃生。请陛下早日赐下物资粮食,迅速增援!”李儇命遴选左右神策军弓箭部队,共集结二千八百人,命张承范等率领,开赴前线。

十一月十七日,黄巢攻陷东都洛阳,留守长官刘允章率文武百官迎接晋见。黄巢进城,只不过安抚慰劳而已,乡村街市,一派升平。田令孜奏报说:已在京师街市招募新兵数千人,补充左右神策军空缺。

十一月二十一日,陕虢道奏报说:东都洛阳已经陷落。

十一月二十二日,李儇命田令孜当汝、洛、晋、绛、同、华地区都统，率左右神策军东下讨伐。当天黄巢变民军攻陷虢州。

十一月二十五日，张承范等率神策军弓箭部队，从京师出发。神策军官兵，都是首都长安富有人家的子弟，贿赂宦官，把姓名登记在军籍簿上，就可得到皇家的赏赐，平常都穿华丽的衣服、骑漂亮的骏马，仗着有人撑腰，仗势欺人，声大气粗，从没有参加过真正战争。一听说就要出征，面对生离死别，父子抱头哭泣，多数人用金银绸缎雇用病患收容所的穷人代替，这些人往往拿不动武器，也无法接受训练。当天，李儇登章信门城楼，亲自为所谓出征将士送行，张承范奏报说："消息说黄巢部众有数十万之多，在战鼓声中西上，齐克让率领饥寒交迫的老弱残兵一万人，依附在潼关城外，现在又派我率二千余人进驻潼关，却没有听说怎么发给粮饷，竟想用这些人阻挡盗匪，我暗中感到寒心，但愿陛下催促各道早派精锐部队，前来增援。"李儇说："你只管出发，援军随后就到。"

十一月二十七日，张承范等前进到华州。遇上州长裴虔余调升宣歙道观察使，州政府正在真空状态，全城军民都逃上华山，城里满目萧条，州库空空荡荡，积存的尘埃上只有老鼠的脚迹，幸好粮仓里还有谷米一千余斛，士卒携带三天的粮食，继续前进。

十二月一日，张承范等抵达潼关，大肆搜索，在野草丛中捕捉到抖成一团的村民一百余人，命他们搬运石头，担送饮水，加强防御工程。但张承范军及齐克让军，食粮断绝，士卒毫无斗志。当天，冤句变民军前锋抵达潼关城外，白旗满布原野，看不到边际；齐克让接战，变民军稍稍后退，可是一会工夫，黄巢亲到前线，大军兴奋得高声欢呼，声振河山，齐克让仍竭力抵抗，自中午十二时僵持到下午六时，士卒饥饿难忍，遂大声喧哗，纵火焚烧营寨，四散逃命，齐克让退入潼关。潼关之北，有一条山谷，平时禁止平民来往，以便利关卡征税，称为“禁坑”。变民军突然而来，政府忘记派人把守，溃散的政府军遂一拥而入，谷里丛生的灌木及野草蔓藤，纵横攀附，好像网织，可是，一夜之间，被败兵踏成平坦大道。张承范把所有物资及粮食，散发给士卒，一面派使节送奏章向皇帝告急，说：“我离开京师已经六天，武装士兵没有增加一人，赏赐及粮饷不见踪影。抵达潼关的当天，巨大的盗匪集团也抵达潼关，用两千多人抵抗六十万人。关外友军因饥饿难忍，霎时崩溃，闯开禁坑。我有失职守，即令受炉锅烹杀，也所甘心。但中央身负帝国安危的高官谋士，颜面却放在何处！有人说陛下已考虑前往西方视察，殊不知御驾一动，上下立刻瓦解。我大胆用尚存的人身，说出必被诛杀的直言，请陛下跟最亲密的官员再作深入讨论，万不可以轻率行动，而应急速征调各军，增援潼关，则高祖、太宗的大业或许还可能保持！使黄巢继安禄山之后灭亡，我则比哥舒翰能光荣殉国。”

十二月二日，冤句变民军猛烈攻击潼关，张承范全力拒抗，守关的政府军箭已用完，改投石头。关外有天然壕沟，变民军驱逐村民一千余人到里面，挖掘泥土填塞，一会工夫，就把壕沟填平，大军立刻越过。夜晚，纵火焚烧潼关城楼，全部化成灰烬。张承范派军八百人，命王师会守护禁坑，等赶到那里，变民军已经进入。

十二月三日，早晨，变民军夹攻潼关，守关政府军崩溃，王师会自杀，张承范换穿平民衣服，率残余部众逃走，逃到野狐泉

(陕西省华阴市西南),遇到奉天援军二千人赶到,张承范叹息说:“你们来得晚了。”博野部队及凤翔遣兵团,也跟着撤退,走到渭桥,看见田令孜招募的新兵,身穿新制的温暖皮衣,发怒说:“你们有什么功劳?穿得这么豪华,我们反而挨饿受冻!”遂把他们剥光,反过来充当变民军的向导,直向首都长安。

变民军攻击潼关时,中央命首都长安特别市前任市长萧廪,当东道转运粮料使。萧廪声称有病,请求退休。李儇贬他作贺州司户。

黄巢进入华州,留下他的部将乔钤据守。河中战区留后王重荣,投降黄巢。

十二月四日,李儇下诏任命黄巢当天平战区司令官。

十二月五日,文武百官刚刚退朝出宫,传来紧急消息:变民军已进入京师,大家分别逃亡躲藏。田令孜率神策军五百人,保护十九岁皇帝李儇,从金光门逃走,只有福王、穆王、泽王、寿王四个亲王和几位妃嫔小老婆随从,其他文武百官都不知道皇帝去处。李儇骑在马上,惊惶恐惧,日夜不停地没命狂奔,随从官员很多都追赶不上。皇帝逃走之后,来不及逃走的士卒和长安街市居民,争着闯进国库,抢夺金银绸缎。

中午过后,变民军前锋将领柴存,才进长安,左金吾大将军张直方率文武官员数十人,前往霸上迎接黄巢。黄巢乘坐黄金装饰的双人小轿,卫士的头发随意披散,都用红巾扎束,身穿锦绣衣服,手拿武器,紧紧跟随;全副武装的铁甲骑兵,多如流水,辎重车辆塞满道路,一千华里不绝。长安居民聚集在道路两旁观看,尚让在所经过的地方,向大家宣示说:“黄王兴起义军,只是为了人民，不像唐王朝李姓皇帝，不爱你们！各位尽管安居乐业，不要害怕！”黄巢先住在田令孜宅，部众因为长期抢劫，每人都非常富有，看到贫苦人民，往往施舍。然而定居几天之后，各人又都出去大肆剽掠，纵火焚烧街道店铺，杀人满路，黄巢无法禁止。变民军对政府官吏，尤其憎恨，只要捉到，立即诛杀。

李俨直奔骆谷逃命，凤翔战区节度使郑畋，在路上迎见李俨，请车驾停在凤翔，李俨说：“我不打算太接近巨盗，暂且先到兴元，征调大军，再计划收复。你去东方抵抗盗匪刀锋，我去南方安抚各军事重镇，集结邻近各道的力量，勉励他们建立大业。”郑畋说：“道路阻塞，奏章难以即时送到，请授权我可以相机行事。”李俨允许。

十二月九日，李俨抵达壻水，下诏给牛勖、杨师立、陈敬瑄，通知他们说：“京师失守，我姑且前往兴元，如果盗匪的声势仍然强大，将再往成都，最好先行准备。”

十二月十一日，黄巢下令屠杀唐王朝所有留在长安的李姓皇族，一个婴儿也不留下。

十二月十二日，黄巢才进住皇宫。

十二月十三日，黄巢在含元殿登极称帝，把黑色绸缎画作衮龙袍，擂动数百个战鼓，代替管弦乐器。黄巢登丹凤楼，下诏大赦；国号齐，改年号金统。指出：唐王朝所用的“广明”年号，已经显示：黄巢的“黄”字，已夺取唐王朝“唐”字的内里，升起黄姓皇家日月，认为那是上天告诉人民的祥瑞。又下诏命唐政府三品以上高阶层官员，一律停职，四品以下官员，照常上班办公。